Entzünde in uns
das Feuer deiner Liebe

Entzünde in uns das Feuer deiner Liebe

Gebete zum Heiligen Geist

Herausgegeben von
Josef Sudbrack SJ

VERLAG NEUE STADT
MÜNCHEN · ZÜRICH · WIEN

Ein Buch aus der Reihe:
Gebete der Christenheit

Die Deutsche Bibliothek – CIP-Einheitsaufnahme

Entzünde in uns das Feuer deiner Liebe:
Gebete zum Heiligen Geist /
hrsg. von Josef Sudbrack. –
3. Aufl. – München ; Zürich ; Wien :
Verl. Neue Stadt, 1998
(Gebete der Christenheit)
ISBN 3-87996-248-0

1998, 3. Auflage

Satz: MZ-Verlagsdruckerei, Memmingen
Druck: Freiburger Graphische Betriebe, Freiburg i. Br.
ISBN 3-87996-248-0

Wer bist du, Heiliger Geist?
Eine Hinführung

In der katholischen wie in der evangelischen Kirche spricht man seit wohl vierzig Jahren immer mehr vom Heiligen Geist Gottes. Bewegungen sind entstanden, wie die „Charismatische Erneuerung“, die sich vom Geistwirken führen läßt; große Theologien wurden geschrieben, wie die des greisen Dominikaners Congar. Die „Geistvergessenheit“, die ein evangelischer Theologe einmal tadelte, scheint vorbei. Der „Unbekannte jenseits des Wortes“ (von Balthasar) scheint wiederentdeckt zu sein. Man propagiert sogar eine „neue Zeit“ der Kirche, des christlichen Glaubens, ein „Zeitalter des Heiligen Geistes“.

Aber wir sollten nicht vergessen, daß es in der orthodoxen Kirche, dem dritten großen Zweig christlicher Tradition, niemals eine „Geistvergessenheit“ gegeben hat. Dort lebte – in Theologie und Liturgie, in der Kunst der Ikonen und im Gebet der Gläubigen – stets, was wir wiederentdeckt zu haben glauben. Und in den Pfingstkirchen, die einzuordnen den klassischen Kirchen und ihren Theologen so schwer fällt, ist ein enthusiastischer Geistaufbruch nun schon fast hundert Jahre lebendig.

Es ist wahrhaft schwer, mit unserem geschulten begrifflichen Denken zu greifen und zu umschreiben (denn das heißt definieren), was eigentlich mit Geist, Heiligem Geist, Erneuerung aus dem Geist gemeint ist. Soll man versuchen, es mit einem umfassenden pastoralen Konzept zu fassen, oder muß man es einfach geschehen, sich schenken lassen? Zeigt sich gerade hier die Grundeinheit aller christlichen Bekenntnisse, oder werden gerade hier die Trennungslinien noch schmerzlicher – oder wirklich fruchtbar – bewußt? Oder noch provokativer gefragt: Sitzt man mit dem „Zeitalter des Heiligen Geistes" nicht einer Mode auf, die überall – in der neuen Religiosität, im „New Age", im astrologischen „Wassermann-Zeitalter" – zu finden ist, oder sind nicht die Kritiker dieser Moden blind und haben die Augen vor den Zeichen der Zeit verschlossen?

Als Christ tut man gut daran, keine schnellen Urteile abzugeben; fruchtbarer ist es, in die große Tradition zurückzublicken und dort nach Hilfen zu suchen, um eine heutige Antwort auf drängende Fragen zu finden. Schon öfters wurden „Zeitalter des Heiligen Geistes" angekündigt, zum Beispiel von dem sogenannten linken, enthusiastischen Flügel der Reformation des 16. Jahrhunderts, der schnell zerbrach; noch deutlicher zu Beginn des Hochmittelalters, als der Zisterzienserabt Joachim von Fiore nach dem Zeitalter des Vaters (das Alte Testament) und dem Zeitalter des Sohnes (die Kirche) nun das Zeitalter des Heiligen Geistes (der charismatischen Lebendigkeit) ankündigte. Diese Geschichtstheologie wurde zwar als falsch, als häretisch verworfen. Aber auch Bonaventura, die letzte große

Gestalt, in der nach Hans Urs von Balthasar Heiligkeit und Theologie zur Einheit fanden, sieht in Franziskus, dem „Engel des siebten Siegels", etwas von dem erfüllt, was Joachim von Fiore als das dritte, endgültige Zeitalter des Heiligen Geistes ankündigte.

Je weiter wir zurückgehen, desto dichter, gewaltiger werden die Glaubenszeugnisse vom Heiligen Geist und seinem Wirken, aber zugleich entziehen sie sich jedem festen Zugriff. In der Frühzeit – vielleicht erschreckt dies manch einen „Charismatiker" – wagt man es nicht einmal, ihn persönlich anzureden. Auch Gebete zu ihm beginnen erst mit dem großen Basilius, der mit Recht der Theologe des Heiligen Geistes genannt wird. Die noch früheren Zeugnisse aus der Liturgie des Hippolyt von Rom sprechen den Vater an, er möge uns seinen Geist senden, nicht aber den Geist selbst.

Wer bist du, Heiliger Geist?

In den Schriften des Alten und Neuen Testamentes gehen Beten und Bitten niemals an ein „Du" des Heiligen Geistes, sondern an den ewigen Vater, daß er uns seinen Geist sende; an den Sohn, daß sein Geist uns in alle Wahrheit einführe. Aber gerade in ihnen findet sich eine Weite und eine Kraft, die niemals vergessen werden darf, wenn wir uns heute von der Gegenwart des Geistes ergreifen lassen, und wenn wir zu ihm, dem Geist des Vaters und des Sohnes, beten wollen.

Geist Gottes, das meint Gegenwart Gottes in allem, was er geschaffen hat. So klingt es schon in den ersten Versen des Buches Genesis an: „Gottes Geist schwebte über dem Wasser." Das tönt für den, der hören kann, ständig auch aus dem Psalmgebet: „Wohin könnte ich fliehen vor deinem Geist, wohin mich vor deinem Angesicht flüchten? Steige ich hinauf in den Himmel, so bist du dort; bette ich mich in der Unterwelt, bist du zugegen" (Ps 139,7f). „Sendest du deinen Geist (deinen Atem) aus, so werden sie alle erschaffen, und du erneuerst das Antlitz der Erde" (Ps 104,30). Das Bild der Wolke, die den Israeliten den Weg durchs Rote Meer und durch die Wüste bahnte, die auf dem Berge Sinai die dunkel-helle Gegenwart Gottes bedeutete und den Tempel erfüllte, als Salomo ihn einweihte, bot der späteren jüdischen Theologie den wichtigsten Leitfaden, diese Gegenwart Gottes in seinen Werken, die Gegenwart des Geistes Gottes unter uns zu bedenken und zu verehren. Die „Schechinah", die Wolke Gottes, wird in der jüdischen Mystik ein Grundmotiv für die Anwesenheit Gottes.

Zugleich ist dieser Gottesgeist Kraft, Dynamik, die antreibt, die Leben und Macht verleiht. Mose wurde vom Geist Gottes geführt. Seine Geistesgabe setzte sich fort in den prophetischen Gaben der Auserwählten: „Dann versammelte Mose siebzig Älteste des Volkes und stellte sie rings um das Zelt auf. Der Herr kam in der Wolke herab und redete mit Mose. Er nahm etwas von dem Geist, der auf ihm ruhte, und legte ihn auf die siebzig Ältesten. Sobald der Geist auf ihnen ruhte, gerieten sie in prophetische Verzückung, die kein Ende nahm" (Num 11,24f).

Bei den Schrift-Propheten (von denen also schriftliche Zeugnisse überliefert sind) findet sich die Kraft des heiligen Geistes Gottes, die zum Zeugnis für Gottes Wirken antreibt, wieder. Jesaja sieht den Sproß der Wurzel Isais, auf dem der „Geist des Herrn“ sich niederläßt, „der Geist der Weisheit und der Einsicht, der Geist des Rates und der Stärke, der Geist der Erkenntnis und der Gottesfurcht“ (Jes 11,2). Und Ezechiel wird – wie in dem berühmten 37. Kapitel beschrieben – „vom Herrn im Geiste“ hinausgeführt und erlebt, wie der Wind/Atem/Geist (dies alles wird durch das gleiche Wort vom lebendigmachenden Geist ausgedrückt) die Totengebeine mit neuem Leben/Geist erfüllt: „Ich hauche euch meinen Geist ein, dann werdet ihr lebendig, und ich bringe euch wieder in euer Land. Dann werdet ihr erkennen, daß ich der Herr bin“ (Ez 37,14).

In den Weisheitsbüchern kommt stärker die Allgegenwart Gottes in seinem Geist zum Tragen: „Der Geist des Herrn erfüllt den Erdkreis, und er, der alles zusammenhält, kennt jeden Laut“ (Weish 1,7). Man spürt in den Texten, die zwischen dem Alten und dem Neuen Testament entstanden sind, daß sich das religiöse Genie Israels immer mehr seiner Erfahrung der Gegenwart Gottes bewußt wurde, aber sie nur schwer in rechte Worte umsetzen konnte. Die Weisheitsspekulationen (Sophia-Weisheit) sind in sich selbst schon ein Niederschlag der Versuche, dies mit Worten zu fassen: „Die Weisheit lobt sich selbst, sie rühmt sich bei ihrem Volk: ... Ich ging aus dem Mund des Höchsten hervor, und wie Nebel umhüllte ich die Erde. Ich wohnte in den Höhen, auf einer Wolkensäule stand mein Thron. Den Kreis des Himmels umschritt ich allein, in der Tiefe des Abgrunds ging ich umher. Über die Fluten des Meeres und über alles Land, über alle Völker und Nationen hatte ich Macht" (Sir 24,1-6).

Greifbar und doch ungreifbar, als nahe erahnt und doch in weiter Ferne, steht eine Gotteserfahrung im Blick, die in allen großen Religionen der Erde Entsprechungen zu haben scheint. In ihnen allen wird die Frage gestellt: Wer bist du, Heiliger Geist?

Im Neuen Testament bringt die Gestalt Jesu Christi ein entscheidend neues Element in diese und in die Gotteserfahrung überhaupt ein: die Gewißheit, daß durch diesen Menschen und in diesem Menschen Gott selbst spricht, daß dieser Mensch nicht nur ein, sondern *der* Geist-Träger ist. Wie man es auch später dogmatisch ausformuliert haben mag, von Anfang an erfuhren die Menschen in Jesus eine Zusage Gottes, die Endgültigkeit, Einmaligkeit und Absolutheit setzt: Jesus von Nazareth, gesalbt von Gott mit dem Heiligen Geist und mit Kraft, der umherzog, Gutes tat und alle heilte, die in der Gewalt des Teufels waren; denn Gott war mit ihm (vgl. Apg 10,38).

Man kann statistisch aufzeigen, wie in der Reflexion, im Gebet der jungen Christengemeinde mit der Frage: Wer bist du, Jesus? auch die andere: Wer bist du, Heiliger Geist? immer fundamentaler wurde und zugleich umfassendere Antwort suchte. Im Lukas-Evangelium kommt der Name „Heiliger Geist" schon mehr als doppelt so oft vor wie in den beiden vorangehenden Evangelien des Markus und des Matthäus zusammen: „Erfüllt vom Heiligen Geist, verließ Jesus die Jordangegend. Darauf führte ihn der Geist vierzig Tage lang in der Wüste umher ... Jesus kehrte, erfüllt von der Kraft des Geistes, nach Galiläa zurück." Und bei seinem ersten Auftritt in Nazareth nimmt er die Jesaja-Prophezeiung für sich in Anspruch: „Der Geist des Herrn ruht auf mir; denn der Herr hat mich gesalbt" (Lk 4,1.14.18).

Die Apostelgeschichte des Lukas wird mit Recht das Evangelium des Heiligen Geistes genannt. Jesus verheißt (mit Worten, die an die Engelverheißung an Maria erinnern): „Ihr werdet die Kraft des Heiligen Geistes empfangen, der auf euch herabkommen wird; und ihr werdet meine Zeugen sein ... bis an die Grenzen der Erde" (Apg 1,8). Und dies wird entfaltet von der Geistaussendung in Jerusalem am Pfingsttag bis in die Mitte der damaligen Welt, bis nach Rom, wo Paulus zu predigen beginnt.

Paulus, der vom Geist geführt wird, repräsentiert das Charisma des Apostels (wie er selbst schreibt); die Geistaussendung aber trifft die ganze christliche Gemeinde mit ihren vielen Charismen. In ihr kommt die Verheißung jetzt schon zur Erfüllung: „Ich werde von meinem Geist ausgießen über alles Fleisch. Eure Söhne und Töchter ..., eure jungen Männer ..., eure Alten ..., meine Knechte und Mägde ...: Jeder, der den Namen des Herrn anruft, wird gerettet" (Apg 2,17-21).

Das Zeitalter des Heiligen Geistes hat begonnen (und wird nicht erst mit Joachim von Fiore oder Thomas Müntzer lebendig). Man muß die späten Schriften des Paulus, besonders die sogenannten Gefangenschaftsbriefe, lesen, um die Kraft der Gegenwart Gottes in der christlichen Gemeinschaft, in der Kirche zu erspüren – auch wenn diese Kraft nicht immer mit dem Wort „Geist“ benannt wird. Auch das „Trostbuch“ der Geheimen Offenbarung des Johannes wird von dieser Geist-Zuversicht getragen: Gott ist bei uns, auch wenn die äußeren Umstände anders aussehen mögen.

Aber bleiben wir bei Paulus, bei ihm ist der Heilige Geist die überschäumende Kraft Gottes, die sich in den vielen Charismen äußert: „Jedem wird die Offenbarung des Geistes geschenkt, damit sie anderen nützt. Dem einen wird vom Geist die Gabe geschenkt, Weisheit mitzuteilen, dem anderen durch den gleichen Geist die Gabe, Erkenntnis zu vermitteln, dem dritten im gleichen Geist Glaubenskraft, einem anderen – immer in dem einen Geist – die Gabe, Krankheiten zu heilen, einem anderen Wunderkräfte, einem anderen prophetisches Reden, einem anderen die Fähigkeit, die Geister zu unterscheiden, wieder einem anderen verschiedene Arten von Zungenrede, einem anderen schließlich die Gabe, sie zu deuten. Das alles bewirkt ein und derselbe Geist; einem jeden teilt er seine besondere Gabe zu, wie er will“ (1 Kor 12,7-11). Als der lebendige, im Sozialen sich verwirklichende Organismus der christlichen Gemeinde – so wird der Heilige Geist Gottes sichtbar und wirksam und legt Zeugnis ab von Gottes wirkender Gegenwart.

Aber zugleich ist dieser Geist die tiefste Innerlichkeit eines jeden Christen. Ein paarmal wagt Paulus Sätze, die man rationalistisch ebenso leicht überlesen (als seien sie nicht so ernst gemeint) wie simplifizieren kann, als gebe Paulus pantheistischer Identitätsmystik das Wort und verschmelze den Seelengrund des Menschen (das „Selbst" C.G. Jungs) mit dem Abgrund Gottes, dem Heiligen Geist. So heißt es im Galaterbrief: „Weil ihr aber Söhne seid, sandte Gott den Geist seines Sohnes in unser Herz, den Geist, der ruft: Abba, Vater" (Gal 4,6). Und daran schließt sich die Überwindung aller menschlichen Unterschiede an: Vor Gott sind wir alle gleich – als seine Kinder, als Schwestern und Brüder seines Sohnes; denn unsere betende Innerlichkeit ist der Geist Jesu Christi.

Gewiß, Paulus sagt hier Ungeheures: Das Letzte und Letzt-Wirkliche, das der Mensch tun kann und worin er erst wirklich Mensch und er selbst wird, ist seine betende Zuwendung zu Gott; und dies ist Tun, ist Wirklichkeit von Gottes Geist. Aber wie blind sind doch die Augen (und Herzen), die entweder darüber hinweglesen und die Einheit des Seelengrundes mit Gottes Geist moralistisch verharmlosen, oder die anderen, die die darin sich äußernde Lebensspannung auflösen in unterschiedslose Selbigkeit. Wenn aber Paulus die so oft mißbrauchten und aus seiner Geisteserfahrung geborenen Worte spricht von „Christus, der in mir lebt", da „nicht mehr ich lebe, sondern Christus in mir" (Gal 2,20), so ist das für ihn eine Existenz im Beziehungsnetz des Heiligen Geistes. (Für Martin Buber ist Geist das Beziehungswort und die Beziehungserfahrung schlechthin.) Nur aus diesem Reichtum des Lebens heraus darf man sich der Frage stellen: Wer bist du, Heiliger Geist?

Geisterfahrung – mag sie sich im Reichtum der Geistesgaben oder in der Tiefe des betenden Seelengrundes äußern – hat nach Paulus das Kriterium ihrer

Wahrheit und ihrer Echtheit im Wesensbezug auf Jesus Christus: „Darum erkläre ich euch: Keiner, der aus dem Geist Gottes redet, sagt: Jesus sei verflucht! Und keiner kann sagen: Jesus ist der Herr!, wenn er nicht aus dem Heiligen Geist redet“ (1 Kor 12,3).

Wie wichtig dieser Bezug nicht nur für Paulus, sondern für die urchristliche Gläubigkeit ist, zeigt sich darin, daß dieses Kriterium und dieser Wesensbezug aller Geisterfahrung im ersten Johannesbrief fast wörtlich – wenn auch in anderer dogmatischer Blickrichtung – wiederholt wird: „Daran erkennt ihr den Geist Gottes: Jeder Geist, der bekennt, Jesus Christus sei im Fleisch gekommen, ist aus Gott. Und jeder Geist, der Jesus nicht bekennt, ist nicht aus Gott. Das ist der Geist des Antichrists“ (1 Joh 4,2f).

Dieser paulinische wie johanneische Grundbezug jeder wahren Geisterfahrung auf Jesus Christus ist auch erstaunlich, weil die Geisterfahrung in den johanneischen Schriften eine weitere Dimension eröffnet: Geist steht bei Johannes weniger für die sprudelnde Spontaneität in charismatischer, sozialer Vielfalt oder für die Subjektivität betender Innerlichkeit, sondern für die Kontinuität meditativer, kirchlicher Verinnerlichung. Das bedeutet keinen Gegensatz, aber sicherlich eine weitere Dimension von Geistwirklichkeit: Aus der lebendigen, chaotisch anmutenden Vielfalt der Geistesgaben, in die Paulus nur mit Mühe und Not Ordnung hineinbringen kann, und aus der innerlichen Selbstvergessenheit, die an indische Heilige gemahnt, wird der bleibende Glaubensstrom der Kirche, die immer tiefer eindringt in das Geheimnis der Offenbarung: „Der Geist der Wahrheit, den die Welt nicht empfangen kann“, der „bei euch bleibt und in euch sein wird“, der „Beistand“, der „Geist der Wahrheit, der vom Vater ausgeht“, „er wird Zeugnis für mich ablegen“; „er wird euch in die ganze Wahrheit führen. Denn er wird nicht aus sich selbst heraus reden, sondern er wird sagen, was er hört, und euch verkünden, was kommen wird. Er wird mich verherrlichen“. „Er wird euch alles lehren und euch an alles erinnern, was ich euch gesagt habe“ (Joh 14,17; 15,26; 16,13 f; 14,26).

Wer bist du, Heiliger Geist? – Man muß die Fülle der Zeugnisse wie Lichtstrahlen in einem Brennglas sammeln; dann mag der Focus, der Brennpunkt das sein, was wir mit dem Glauben an den Heiligen Geist bekennen. Aber dieses physikalische Bild genügt nicht, denn hier geht es um Leben: Leben in der Dichte, die ich als die Mitte meiner Existenz erfahre; Leben in der Weite, in der die ganze Schöpfung eingeschlossen ist; Leben in der Fülle, die in den Gnadengaben, den Charismen des Geistes, ausgegossen ist; Leben in der Klarheit, die meine und unsere Begegnung mit Jesus ausmacht; Leben in der meditativen Ruhe, mit der die Kirche ihrer Vollendung in Jesus Christus entgegenwächst.

Wer kann jetzt noch darüber staunen, daß es dem Glaubensbewußtsein der Christenheit lange Zeit schwer fiel, diesen Heiligen Geist mit „du“ anzusprechen? Sprengt nicht die Erfahrungs- und Wirklichkeitsfülle des Heiligen Geistes jede Festlegung, jede Umgrenzung (De-finition!)?

Aber man wagte dieses „Du“! Im Laufe der betenden Theologie und des meditierenden Gebetes wuchs das

Bewußtsein, daß die Wirklichkeit des Geistes herausgehoben werden müsse aus den dumpfen, es-haften Regionen von Trieb und Getriebenwerden – und dies nicht als Negation dieser Bereiche, sondern als deren Integration im Geistigen. Aus heutiger Sicht, wie sie zum Beispiel Teilhard de Chardin, gewiß einseitig, aber doch zukunftsweisend, entwarf, käme auch die Aufhebung all dieser Bereiche in ein gesichts- und gegenstandsloses Schweben hinein der Negation dieser Bereiche gleich, für die doch der biblische Geist in seiner Fülle steht. Nur in der Ordnung des Personalen kann es gelingen, all diese Erfahrungen in ihrer Kraft zu bejahen, aber zugleich ihre Kraft zu bündeln zur Integration im Heiligen Geist Gottes.

Natürlich waren es nicht diese reflektierenden Gedanken, die in der frühen Christenheit zum „Du“ zum Heiligen Geist führten. Dort war es einfachhin die selbstverständliche Gewißheit, daß man von Gott – ob Vater, ob Geist – nicht geringer als mit einem „Du“ sprechen dürfe – oder, wie Martin Buber betonte, daß alles Reden *über* Gott von einem Reden *zu* Gott als dem ewigen Du getragen sein muß, auch das Reden *über* Gottes Heiligen Geist. Wie wenig aber der Mut früher christlicher Mentalität, den Geist Gottes mit du anzusprechen, einer billigen, fast heidnisch anthropomorphen Multiplikation der Du-Anrede an Gott gleichkommt, erhellt schon daraus, daß Basilius, der große Theologe des Heiligen Geistes, zugleich der Theologe der Unbegreiflichkeit und des Geheimnisses Gottes ist.

Wer bist du, Heiliger Geist? Das Hören dieser Frage, noch mehr der Versuch, eine Antwort darauf zu finden, ist umgriffen von Wissen und Einsicht, daß Gottes Geheimnis je größer ist, je größer als Denken, Einsicht und auch als Erfahrung. Nur so wurde und darf heute das „Du“ zum Heiligen Geist gewagt werden.

Aus dieser Einsicht heraus wäre es also verfehlt, die Vielzahl der hier gesammelten Gebete mit dogmatisch-festen Maßstäben zu bewerten. Gerade Gebete dokumentieren die Fülle und Weite einer lebendigen Geistspiritualität. Aber aufmerksam zu machen ist auf den Trend, der im Überblick über eine Entwicklung von Jahrhunderten nicht zu übersehen ist: Die Bildhaftigkeit der frühen Zeugnisse und der großen Hymnen über den Heiligen Geist geht im Laufe der Entwicklung verloren und damit auch manche Dimension der Geheimnis-Tiefe des Betens zum Heiligen Geist. Einzelnes hervorzuheben ist kaum nötig.

Und hier sollte die wohl wichtigste Aufgabe gefunden werden, die eine Gebetssammlung wie die vorliegende zu erfüllen hat. Man soll sich freuen über den Reichtum der Zeugnisse. Man möge intensiv die Gebetsanregungen aufgreifen und mit den Großen der christlichen Spiritualität sich an Gott und seinen Heiligen Geist wenden.

Doch dann sollte man sich kritisch fragen: Wie ist dein Beten zum Heiligen Geist? Bist du dir der kosmischen und humanen Universalität bewußt, die mit der Vorstellung von Gottes Geist berührt wird? Bist du dir der Spontaneität bewußt, die doch überall entstehen muß, wo der Geist Gottes zur Erfahrung wird? Bist du dir der Innerlichkeit bewußt, in die Gottes Geist dich führen will? Bist du dir des Wesensbezuges auf Jesus, den Nazaräer, bewußt, der – wenigstens für einen Christen – das Kriterium wahrer Geistesbegegnung ist? Bist du dir der meditativen Kirchlichkeit bewußt, in die doch – nach Johannes – der Geist einführen will?

Im konkreten Gebet kann diese Vielfalt natürlich nicht reflex bewußt bleiben; aber als Basis sollte sie den Focus des Betens mitbestimmen. Und dann kann die klassische liturgische Formel des Betens, wie sie das Beten der Kirchenväter und der Ostkirche durchzieht, unser Beten bestimmen: Im Geist, durch Jesus Christus beten wir zum Vater.

Und hierin hat auch das Gebet unmittelbar zum „Du" des Geistes seinen Platz: Wer bist du, Heiliger Geist? Du, Gottes Schöpferkraft; du, meines Betens Innerlichkeit; du, Geist Jesu Christi, unseres Herrn, der uns die Liebe des Vaters geoffenbart hat; du, das Geheimnis, das tröstet und beseligt, weil es mir Gottes liebendes Du schenkt!

Josef Sudbrack

Komm, Schöpfer Geist

Heiliger Geist,
du erfüllst die Engel,
heiligst die Gewalten,
belebst alles.
Du teilst dich in je verschiedener Weise
der ganzen Schöpfung mit.
Du schenkst uns die Gnade,
erleuchtest uns zur Erkenntnis Gottes,
du vollendest die Gerechten,
machst die Toten lebendig
und Fremdlinge zu Kindern Gottes.
Durch dich werden die Schwachen stark,
die Armen reich,
die Unmündigen und Ungebildeten
weiser als die Gelehrten.
Du bist im Himmel
und erfüllst die Erde,
du bist überall zugegen,
und nirgends kennst du Schranken.
Du wohnst in jedem Menschen
und bist ganz Gott.
Wir bitten dich:
Nimm in unseren Herzen Wohnung,
und verlaß uns zu keiner Zeit!

nach Basilius,
gestorben 379; Bischof von Cäsarea, Kirchenlehrer

Komm, Heil'ger Geist, vom ew'gen Thron,
eins mit dem Vater und dem Sohn;
durchwirke unsre Seele ganz
mit deiner Gottheit Kraft und Glanz.

Erfüll mit heil'ger Leidenschaft
Geist, Zunge, Sinn und Lebenskraft;
mach stark in uns der Liebe Macht,
daß sie der Brüder Herz entfacht.

Laß gläubig uns den Vater sehn,
sein Ebenbild, den Sohn, verstehn
und dir vertraun, der uns durchdringt
und uns das Leben Gottes bringt.

Ambrosius zugeschrieben,
gestorben 397; Bischof von Mailand, Kirchenlehrer

Atme in mir, du Heiliger Geist,
daß ich Heiliges denke.
Treibe mich, du Heiliger Geist,
daß ich Heiliges tue.
Locke mich, du Heiliger Geist,
daß ich Heiliges liebe.
Stärke mich, du Heiliger Geist,
daß ich Heiliges hüte.
Hüte mich, du Heiliger Geist,
daß ich das Heilige nimmer verliere.

Augustinus zugeschrieben,
354-430; Bischof von Hippo, Kirchenlehrer

Veni, Creator Spiritus,
mentes tuorum visita:
imple superna gratia,
quae tu creasti pectora.

Qui diceris Paraclitus,
donum Dei altissimi,
fons vivus, ignis, caritas
et spiritalis unctio.

Tu septiformis munere,
dextrae Dei tu digitus,
tu rite promissum Patris
sermone ditans guttura.

Accende lumen sensibus,
infunde amorem cordibus,
infirma nostri corporis
virtute firmans perpeti.

Hostem repellas longius
pacemque dones protinus;
ductore sic te praevio
vitemus omne noxium.

Per te sciamus da Patrem
noscamus atque Filium,
te utriusque Spiritum
credamus omni tempore.

Rabanus Maurus zugeschrieben,
780-856; Bischof von Mainz

Übertragung von Johann Wolfgang von Goethe:

Komm, Heiliger Geist, du Schaffender,
komm, deine Seelen suche heim:
Mit Gnadenfülle segne sie,
die Brust, die du geschaffen hast!

Du heißest Tröster, Paraklet,
des höchsten Gottes Hochgeschenk,
lebend'ger Quell und Liebesglut
und Salbung heil'ger Geisteskraft.

Du siebenfaltger Gabenschatz,
du Finger Gottes rechter Hand,
von ihm versprochen und geschickt,
der Kehle Stimm' und Rede gibst.

Den Sinnen zünde Lichter an,
dem Herzen frohe Mutigkeit,
daß wir im Körper Wandelnden
bereit zum Handeln sei'n, zum Kampf!

Den Feind bedränge, treib ihn fort,
daß uns des Friedens wir erfreun
und so an deiner Führerhand
dem Schaden überall entgehn!

Vom Vater uns Erkenntnis gib,
Erkenntnis auch vom Sohn zugleich,
uns, die dem beiderseit'gen Geist
zu allen Zeiten gläubig flehn!

Übertragung von Heinrich Bone (1847):

Komm, Schöpfer, Geist, kehr bei uns ein,
besuch das Herz der Kinder dein:
Die deine Macht erschaffen hat,
erfülle nun mit deiner Gnad.

Der du der Tröster wirst genannt,
vom höchsten Gott ein Gnadenpfand,
du Lebensbrunn, Licht, Lieb und Glut,
der Seele Salbung, höchstes Gut.

O Schatz, der siebenfältig ziert,
o Finger Gottes, der uns führt,
Geschenk, vom Vater zugesagt,
du, der die Zungen reden macht.

Zünd an in uns des Lichtes Schein,
gieß Liebe in die Herzen ein,
stärk unsres Leibs Gebrechlichkeit
mit deiner Kraft zu jeder Zeit.

Treib weit von uns des Feinds Gewalt,
in deinem Frieden uns erhalt,
daß wir, geführt von deinem Licht,
in Sünd und Elend fallen nicht.

Den Vater auf dem ewgen Thron
lehr uns erkennen und den Sohn;
dich, beider Geist, sei'n wir bereit
zu preisen gläubig alle Zeit.

Übertragung von Friedrich Dörr (1969):

Komm, Heilger Geist, der Leben schafft,
erfülle uns mit deiner Kraft.
Dein Schöpferwort rief uns zum Sein:
Nun hauch uns Gottes Odem ein.

Komm, Tröster, der die Herzen lenkt,
du Beistand, den der Vater schenkt;
aus dir strömt Leben, Licht und Glut,
du gibst uns Schwachen Kraft und Mut.

Dich sendet Gottes Allmacht aus
im Feuer und in Sturmes Braus;
du öffnest uns den stummen Mund
und machst der Welt die Wahrheit kund.

Entflamme Sinne und Gemüt,
daß Liebe unser Herz durchglüht
und unser schwaches Fleisch und Blut
in deiner Kraft das Gute tut.

Die Macht des Bösen banne weit,
schenk deinen Frieden allezeit.
Erhalte uns auf rechter Bahn,
daß Unheil uns nicht schaden kann.

Laß gläubig uns den Vater sehn,
sein Ebenbild, den Sohn, verstehn
und dir vertraun, der uns durchdringt
und uns das Leben Gottes bringt.

Komm, wahres Licht.
Komm, ewiges Leben.
Komm, verborgenes Mysterium.
Komm, namenlose Köstlichkeit.
Komm, Unaussprechlichkeit.
Komm, Wesen, fliehend Menscheneinsicht.
Komm, immerwährende Erhebung.
Komm, abendloses Leuchten.
Komm, Ersehnter von allen,
die nach Erlösung dürsten.
Komm, der Toten Auferstehung.
Komm, Mächtiger.
Mit bloßem Wink erschaffst du immerwährend alles,
verwandelst es und machst es neu.
Komm,
gänzlich unschaubar,
unberührbar,
unantastbar.
Komm, Freude ohne Ende.

Symeon der Neue Theologe,
949-1022; byzantinischer Mystiker

Komm, vollendeter Tröster meiner Seele,
Anmut Gottes, Herrlichkeit und ewiges Glück.
Ich danke dir, daß du für mich
zu einem unauslöschlichen Licht geworden bist,
eine Sonne ohne Untergang, die keinen Abend hat.
Das All erfüllst du mit Herrlichkeit.
Komm, Herr, sei heute bei uns,
schlage dein Zelt hier auf,
bleibe bei mir, deinem Diener, bis zum Ende.
Du allein bist gut.
Gib, daß ich am Ende meines Lebens
mich wiederfinde in dir
und herrsche mit dir, dem Allmächtigen.
Gib, daß ich, der ich tot bin,
vor deinem Angesicht lebe,
daß ich, armer Mensch, dich besitze und reich werde;
dann werde ich wohlhabender sein als alle Könige.
Mit dir als Speise und als Trank,
gekleidet in Herrlichkeit zur rechten Zeit,
möchte ich für immer Anteil erhalten
an den unvergleichlichen Gütern.

Symeon der Neue Theologe

Komm, Heiliger Geist,
der du im Glück die Seele bewahrst
und Beistand bist in der Not;
der du von Missetat reinigst
und Wunden heilst.
Komm, du Lehrer der Demütigen
und Richter der Hoffärtigen.
Komm, du Hoffnung der Armen,
du Kraft der Müden.
Komm, Heiliger Geist,
und erbarme dich unser.

Johannes von Fécamp,
gestorben 1078; Benediktinerabt

O Feuer Gottes des Trösters,
o Leben vor allem Leben,
heilig bist du, uns zu erquicken,
und heilig, uns die Kraft zu geben,
die zu heilen, die gebrochenen Herzens sind,
und ihre schlimmsten Wunden zu verbinden.
Denn du bist der Gott aller Heiligkeit,
die Liebe zur Menschheit.

O starker Brustschild, der unser Leben schützt,
o Band der Einigkeit,
rette alle, die dir vertrauen;
du Hort der Rechtschaffenheit,
verteidige, die im dunklen Kerker
von ihren Feinden gefangen.
Denn dein ist der Wille, alle zu retten.
Laß sie die Freiheit erlangen.

O sicherer Weg, der über höchste Höh'n
und durch die tiefsten Tiefen der Welt,
über die dunkle Erde uns führt
und alles standhaft vereinigt hält.
Durch dich die Wolken im Äther sich regen,
durch dich der Regen uns strömt,
durch dich die Wasser ziehn ihre Furchen
und die Erde grünt und erblüht.

Einzig du lehrst die Weisen;
und freigebig für uns fließt
die Eingebung deiner Gaben.
Mit Freude deine Lehre sich uns erschließt.

All' Lobpreis dir, o Freude des Lebens!
Hoffnung und Kraft uns erhebt;
du gabst uns die Gnade des Lichtes,
dich preise alles, was lebt.

Hildegard von Bingen,
1098-1179; Ordensfrau und Mystikerin

Veni Sancte Spiritus
et emitte caelitus
lucis tuae radium.

Veni pater pauperum,
veni dator munerum,
veni lumen cordium.

Consolator optime,
dulcis hospes animae,
dulce refrigerium.

In labore requies,
in aestu temperies,
in fletu solatium.

O lux beatissima,
reple cordis intima
tuorum fidelium.

Sine tuo numine
nihil est in homine,
nihil est innoxium.

Lava, quod est sordidum,
riga, quod est aridum,
sana, quod est saucium.

Flecte, quod est rigidum,
fove, quod est frigidum,
rege, quod est devium.

Da tuis fidelibus
in te confidentibus
sacrum septenarium.

Da virtutis meritum,
da salutis exitum,
da perenne gaudium.

Stephan Langton,
gestorben 1228; Erzbischof von Canterbury

Übertragung von Heinrich Bone (1847):

Komm, o Geist der Heiligkeit!
Aus des Himmels Herrlichkeit
sende deines Lichtes Strahl!

Vater aller Armen du,
aller Herzen Licht und Ruh,
komm mit deiner Gaben Zahl!

Tröster in Verlassenheit,
Labsal voll der Lieblichkeit,
komm, du süßer Seelenfreund!

In Ermüdung schenke Ruh,
in der Glut hauch Kühlung zu,
tröste den, der trostlos weint.

O du Licht der Seligkeit,
mach dir unser Herz bereit,
dring in unsre Seele ein!

Ohne dein lebendig Wehn
nichts im Menschen kann bestehn,
nichts ohn' Fehl und Makel sein.

Wasche, was beflecket ist,
heile, was verwundet ist,
tränke, was da dürre steht.

Beuge, was verhärtet ist,
wärme, was erkaltet ist,
lenke, was da irregeht.

Übertragung von Maria Luise Thurmair
und Markus Jenny (1971):

Komm herab, o Heilger Geist,
der die finstre Nacht zerreißt,
strahle Licht in diese Welt.

Komm, der alle Armen liebt,
komm, der gute Gaben gibt,
komm, der jedes Herz erhellt.

Höchster Tröster in der Zeit,
Gast, der Herz und Sinn erfreut,
köstlich Labsal in der Not.

In der Unrast schenkst du Ruh,
hauchst in Hitze Kühlung zu,
spendest Trost in Leid und Not.

Komm, o du glückselig Licht,
fülle Herz und Angesicht,
dring bis auf der Seele Grund.

Ohne dein lebendig Wehn
kann im Menschen nichts bestehn,
kann nichts heil sein noch gesund.

Was befleckt ist, wasche rein,
Dürrem gieße Leben ein,
heile du, wo Krankheit quält.

Wärme du, was kalt und hart,
löse, was in sich erstarrt,
lenke, was den Weg verfehlt.

Gib dem Volk, das dir vertraut,
das auf deine Hilfe baut,
deine Gaben zum Geleit.

Laß es in der Zeit bestehn,
deines Heils Vollendung sehn,
und der Freuden Ewigkeit.

Nun bitten wir den Heiligen Geist
um den rechten Glauben allermeist,
daß er uns behüte an unserm Ende,
wenn wir heimfahrn aus diesem Elende.
Kyrieleis.

Berthold von Regensburg,
gestorben 1272; franziskanischer Bußprediger

Heiliger Geist, du göttliche Liebe,
Band der Heiligsten Dreifaltigkeit
durch die Kraft der Liebe!
Du ruhst und findest deine Wonne
bei den Menschenkindern.
Durch dich, o Heiliger Geist,
sind die kostbarsten Gaben über uns ausgegossen.
Von dir geht der gute Same aus,
der Früchte des Lebens bringt.
O Heiliger Geist, du bist der Quell,
nach dem ich dürste.
Du bist das volle, einzige Leben meines Herzens,
und dir hange ich mit aller Glut an.
Oh, welch liebliche Vereinigung!
Wahrlich, diese Vertrautheit mit dir
ist kostbarer als das Leben selbst.
Dein Duft ist wie Balsam
der Versöhnung und des Friedens.
O Heiliger Liebesgeist,
du bist der innigste Kuß
der Heiligsten Dreieinigkeit,
Vater und Sohn vereinend.
Du bist jener gesegnete Kuß,
den die königliche Gottheit der Menschheit gab
durch Gottes Sohn.
Entlasse mich kleines Staubkorn
nicht aus deiner Liebe.
Laß mich erfahren, welche Wonnen in dir sind.

Gertrud von Helfta,
1256-1302; Zisterzienserin, Mystikerin

Heiliger Geist, komm in mein Herz!
Ziehe es durch deine Macht an dich,
und gib mir Liebe mit Furcht!
Christus, schütze mich vor jedem bösen Gedanken,
und durchwärme mich mit deiner heiligen Liebe!
Mein heiliger Vater und süßer Herr,
hilf mir bei meinem ganzen Tun!

Katharina von Siena,
1347-1380; Ordensfrau, Kirchenlehrerin

O Flamme des Heiligen Geistes,
die du mit inniger Zärtlichkeit
das Innerste meiner Seele durchdringst
und sie läuterst
durch dein beseligendes Feuer!
So groß ist deine Liebe zu mir,
daß du im ewigen Leben
dich ganz mir schenken willst.
Einst fand mein Flehen bei dir kein Gehör,
als ich die Qual und Not der Liebe litt
wegen der Schwäche und Unreinheit
meines Geistes und Sinnes.
Ich flehte zu dir
und bat dich, mich freizumachen von mir
und mich zu dir zu erheben.
Inniges Verlangen trug meine Seele nach dir
und bestürmte dich um Loslösung von sich
und Heimkehr zu dir.
Doch ohne Kraft war meine Liebe,
da Sinn und Geist
noch nicht gereinigt waren.
Jetzt aber hat mich die Liebe stark gemacht,
so daß mein Herz und mein Fleisch
dem lebendigen Gott zujubeln.
Deshalb bitte ich dich um das,
was du selbst willst.
Was du aber nicht willst,
das will auch ich nicht.
Ja, nicht einmal der Gedanke kommt mir,
dich darum zu bitten.
Nun gelten meine Bitten viel mehr

und sind wohlgefälliger vor deinen Augen,
denn sie entspringen
deiner Eingebung und Anregung.
Und so bitte ich dich
in der Fülle und Freude des Heiligen Geistes,
da du auf mein Flehen achtest
und ihm Gehör schenkst:
Zerreiß das zarte Gewebe dieses Lebens,
und laß nicht zu,
daß es erst durch das Alter
und die Fülle der Jahre ein Ende nehme.
Laß mich dich in ganzer Fülle
und unaufhörlich lieben,
wie es meine Seele ersehnt.

Johannes vom Kreuz,
1542-1591; Karmelit, Kirchenlehrer

Gott, Heiliger Geist,
mein einziger und ewiger Trost,
Friede, Freude, Stärke und Kraft,
vereinige dich mit mir,
besitze und bewohne mein Herz.
Bewahre mich wie deinen Augapfel,
beschirme mich unter dem Schatten deiner Flügel,
segne und erleuchte mich.
Tröste mich in meiner letzten Not.
Nimm meine Seele zu dir.
Erwecke meinen Leib am Jüngsten Tag
zur ewigen Freude,
und laß mich deine Herrlichkeit sehen ewiglich.

Johann Arndt,
1555-1621; lutherischer Theologe und Schriftsteller

Heiliger Geist,
du hast im reinsten Schoße der Jungfrau Maria
unseren Erlöser gebildet;
du hast Jesus beseelt und geleitet in allem,
was er dachte, sagte, tat und litt
während seines Erdenlebens
und im Opfer seiner selbst,
das er am Kreuz dem Vater für uns darbrachte.
Und als er in den Himmel auffuhr,
bist du auf die Erde gekommen,
um den mystischen Leib Christi, der die Kirche ist,
aufzurichten und diesem Leibe
die Früchte des Lebens, des Blutes,
des Leidens und Sterbens Jesu zuzuwenden.
Ohne dies wäre das Leiden und Sterben Jesu nutzlos.
Heiliger Geist,
bei der Taufe kommst du auf uns herab,
um in unseren Seelen Jesus Christus zu bilden,
um uns ihm einzugliedern,
um uns in ihm neues Leben zu geben,
um uns die Verdienste seines Blutes
und seines Todes zuzuwenden,
um uns zu inspirieren,
um uns anzuspornen und zu leiten in allem,
was wir für Gott denken, sagen, tun und leiden.
Göttlicher Geist,
ich gebe mich dir ganz hin.

Johannes Eudes,
1601-1680; Priester, Ordensgründer

Heiliger Geist,
du hast die Herzen der Apostel
in heiligem Eifer entflammt:
Entzünde auch in meinem Herzen die Liebe zu dir.
Göttlicher Geist,
stärke mich gegen die bösen Geister.
Du erschienst in Gestalt einer Taube,
verleihe mir Reinheit der Sitten.
Du bist ein Licht,
erleuchte mich,
damit ich die ewigen Dinge erkenne.
Du bist ein Wehen voll Sanftheit,
fege weg die Stürme meiner Leidenschaften.
Du erschienst in Form von Zungen,
lehre mich, dich unablässig zu preisen.
Du bist wie eine Wolke,
möge mich der Schatten deines Schutzes bedecken.
Du bist der Urheber aller himmlischen Gaben,
ich beschwöre dich:
Belebe mich durch die Gnade,
heilige mich durch deine Liebe,
führe mich durch deine Weisheit,
in deiner Güte nimm mich an als dein Kind,
und rette mich in deiner unendlichen Barmherzigkeit.

Alfons von Liguori,
1696-1787; Gründer des Redemptoristenordens,
Bischof, Kirchenlehrer

Heiliger Geist, wärme, was erkaltet ist!
Befreie mich von dieser beschämenden Gefühlskälte,
und entzünde in mir ein brennendes Verlangen,
daß du dein Wohlgefallen an mir findest.

In Feuerzungen bist du erschienen:
Dir weihe ich meine Zunge,
damit ich dich nie wieder beleidige.
Mein Gott, du hast sie mir ja gegeben,
damit ich dich lobe.

Ich aber habe sie benutzt,
um dich zu beleidigen,
und habe auch andere
mit in diese Sünde hineingezogen.
Ich bereue es von Herzen.

Um der Liebe Christi willen,
der dich in seinem Erdenleben
mit seiner Zunge so sehr geehrt hat,
mach, daß auch ich von heute an
dir die Ehre gebe, dein Lob verkünde,
deine Hilfe oft anrufe
und gern von deiner Güte
und von deiner unendlichen Liebe
auch mit anderen spreche.

Dich liebe ich, mein höchstes Gut,
dich, den Gott der Liebe.

Alfons von Liguori

Komm, Heiliger Geist,
und entzünde unsere Herzen in Liebe zu dir.
Komm, du Geist der Kraft,
und bewege unsere Seelen, daß sie hungern
und dürsten nach dir.
Erfülle mit deiner Gegenwart die Kirche,
daß dein Friede nicht von ihr weiche.
Segne in ihr jede Verkündigung des Wortes,
jeden Dienst der Liebe, jedes Amt der Leitung.
Schenke uns für die Neugestaltung unserer Kirche
Weisheit, Zucht und Frieden.
Du Tröster in aller Not, erbarme dich über uns;
wende deinen Segen nicht von uns ab;
tue mehr, als wir zu bitten vermögen.

Gerhard Tersteegen,
1697-1769; evangelischer Mystiker und Schriftsteller

Du, Geist, hast angefangen.
Den Glauben wirktest du.
Ich kann an Jesus hangen,
du gibst mir Kraft dazu.
Das Abba lehrst du mich,
du läßt mich Freude spüren,
du wirst es auch vollführen,
zum Pfande hab ich dich.

Philipp Friedrich Hiller,
gestorben 1769; Liederdichter

Allmächtiger Herr, Gott, Heiliger Geist, wir bitten dich, lehre uns alles, was uns zu unserer Seligkeit zu wissen nütz und nötig ist. Leite uns in alle Wahrheit, behüte uns vor Lügen, vor Irrtum, vor falscher Lehre. Mache uns weise und verständig. Gib uns göttliche Weisheit und Erkenntnis, daß wir recht erkennen Gott, den Vater, und den er uns gesandt hat, Jesum Christum, unseren Heiland. Gib uns wahren, kräftigen Trost in aller Anfechtung und Not. Tröste alle elenden, traurigen, betrübten Christen. Stärke uns in unserer Schwachheit. Mache unsere Herzen der Gnaden gewiß, die uns Christus erworben hat. Gib Zeugnis unserem Geiste, daß wir Gottes Kinder sind. Erwecke uns ein herzlich und ernstlich Gebet, daß wir schreien: „Abba, lieber Vater." Heilige uns durch das göttliche, heilige Wort und die heiligen Sakramente. Regiere uns, daß wir die von dir geschenkten Gaben reichlich gebrauchen zu deinem Lobe und zum Nutzen des Nächsten. Schaffe und erhalte in uns die wahre Furcht Gottes. Sei du unsere Salbung, unsere kräftige Stärke, Freudenöl und Balsam, auf daß wir nach unserem Namen, den wir von Christo führen, rechte Christen seien …
Beschütze und beschirme deine kleine Herde, daß sie dich ewig mit Gott dem Vater und dem Sohne lobe und dir danke.

Wilhelm Löhe,
1808-1872; lutherischer Pfarrer, Gründer der Diakonissenanstalt Neuendettelsau

Heiliger Geist, du Geist Gottes,
Geist des Lichtes und der Liebe,
ich weihe dir meinen Verstand,
mein Herz und meinen Willen,
mein ganzes Sein für Zeit und Ewigkeit.
Mein Verstand soll stets willig
auf deine Worte hören
und auf die Lehren der heiligen katholischen Kirche,
deren unfehlbarer Lenker du bist.
Mein Herz sei stets entflammt von Liebe
zu Gott und zu den Nächsten.
Mein Wille sei stets dem Willen Gottes gleichförmig.
Mein ganzes Leben sei ein getreues Abbild
des Lebens und der Tugenden unseres Herrn
und Heilandes Jesus Christus,
ihm, sowie dem Vater und dir, dem Heiligen Geiste,
sei Ehre und Ruhm in Ewigkeit.

Papst Pius X.
(1835-1914)

O Heiliger Geist,
du Seele meiner Seele,
ich bete dich an.
Erleuchte mich, führe mich, stärke mich!
Laß mich wissen, was ich tun soll;
gib mir deine Weisungen.
Ich verspreche dir,
mich ganz deinen Anordnungen zu fügen
und alles anzunehmen,
was mir nach deinen Zulassungen geschehen wird.
Laß mich nur deinen Willen erkennen.

Kardinal Désiré Mercier,
1851-1926; Erzbischof von Mecheln-Brüssel

Heiliger Geist,
du bist das Licht vom seligen Schein,
der herüberleuchtet aus der Ewigkeit.
Ohne deine Gnade vermag ich nichts.
Gib mir die Gnade,
und ich will mit dir mitwirken.
Wenn ich in deiner Gnade bin,
verzichte ich auf alles übrige.
Wenn ich aber allein bin
und mir selbst gebiete in meinem Handeln,
werde ich fallen,
denn ohne deine Gnade vermag ich nichts.

Kaspar Stanggassinger,
1871-1899; Seelsorger und Erzieher

Komm, Heiliger Geist,
erwähle meinen Leib zu deinem Tempel!
Komm und bleibe bei mir immerdar!
Gib mir eine innige Liebe
zum heiligsten Herzen Jesu,
auf daß ich dir diene mit ganzem Herzen,
mit ganzer Seele, mit ganzem Gemüt
und aus allen meinen Kräften.
Dir schenke ich alle Fähigkeiten
meines Leibes und meiner Seele.
Beherrsche alle meine Leidenschaften,
Gefühle und Regungen.
Nimm hin meinen Verstand und meinen Willen,
mein Gedächtnis und meine Phantasie.
Heiliger Geist der Liebe,
gib mir ein reiches Maß deiner wirksamen Gnade.
Gib mir die Fülle aller Tugenden;
vermehre meinen Glauben, stärke meine Hoffnung,
vermehre mein Vertrauen und entzünde meine Liebe.
Verleihe mir die Fülle deiner sieben Gaben,
deiner Früchte und Seligkeiten.
Allerheiligste Dreifaltigkeit,
möge meine Seele dein Heiligtum sein.

Papst Pius XII.
(1876-1958)

die du mir im Sakrament
der Firmung
zuteil werden lasst

Heiliger Geist,
vervollständige in uns das Werk,
das Jesus begonnen hat!
Gib unserem Apostolat Begeisterung,
damit es alle Menschen und Völker erreicht,
denn alle Menschen sind erlöst
durch das Blut Christi.
Gib uns heilige Demut, wahre Gottesfurcht
und hochherzigen Mut.
Kein irdisches Band möge uns hindern,
unserer Berufung zu folgen;
kein Eigeninteresse, keine Trägheit
möge uns davon abhalten,
uns einzusetzen für Gerechtigkeit;
keine Berechnung
möge die unendliche Weite deiner Liebe
in die Enge unserer kleinen Selbstsucht zwängen!
Möge alles an uns groß sein:
die Suche und die Verehrung der Wahrheit,
die Bereitschaft zum Opfer bis hin zu Kreuz und Tod!
Und alles möge dem letzten Gebet des Sohnes
an den himmlischen Vater entsprechen,
der Einheit, die er durch dich,
Heiliger Geist der Liebe,
der Kirche und ihren Einrichtungen,
den einzelnen Menschen
und den Völkern schenken wollte.

Papst Johannes XXIII.
(1881-1963)

Komm, du Heiliger Geist, und erfülle uns mit deinen Gaben, daß wir die großen Taten Gottes, die durch Jesum Christum geschehen sind, erkennen und preisen. Komm, du Geist der glaubensvollen Zuversicht, erwecke unsere Herzen, daß wir sie zu Gott erheben und in allen Nöten ihn voll kindlichen Vertrauens anrufen; und wenn wir nicht bitten, wie sich's gebührt, so vertritt du uns mit unaussprechlichem Seufzen. Verbinde du, Geist des Friedens, uns untereinander, daß wir in Liebe, Sanftmut, Einigkeit und Frieden leben mit unseren Nächsten. Gib uns, du Geist der Geduld, in der Zeit unseres Lebens hier auf Erden die Kraft, auszuharren bis ans Ende. Du Geist der Heiligung, heilige uns durch und durch. Entzünde in uns dein heiliges Feuer, daß es in unseren Herzen täglich alles alte Wesen verzehre. Komm, du ewiges Licht, und ergieße dich über unser ganzes Volk und Land, über unsere Kirchen und Schulen, über unsere Häuser und Herzen, daß wir in allen Orten verkündigen die Tugenden dessen, der uns berufen hat von der Finsternis zu seinem wunderbaren Licht. Komm, du starker Gott, und stärke uns in unserer Schwachheit, lehre uns in unserer Torheit; hilf uns auf, wenn wir gefallen sind; bringe uns zurecht, so oft wir irren, und rufe uns herzu, wenn wir ferne sind.

Hans Meiser,
1881-1956; Landesbischof der Evangelisch-Lutherischen Kirche in Bayern

O dreimal Heiliger, heilige mich,
lebendiger Gott, beseele mich,
du Glut aus Gott, verzehre mich!
O naher Gott, verbinde mich,
o sanfter Gott, bezwinge mich,
o stiller Gott, laß hören mich!
In Christi Augen zeichne mich!
Von seinem Glauben nähre mich!
Sein göttlich Leben deute mir,
sein bitter Leiden schenke mir,
sein Ostern laß mein Ostern sein!
Wenn einmal kommt die letzte Pein,
o süßes Licht, dann leuchte mir,
o Hauch aus Gott, dann wehe mir,
o Tröster du, dann hilf du mir,
daß ich, mir selber abgeschieden,
für ewig ruh in deinem Frieden.

Josef Weiger,
1883-1966; katholischer Theologe,
Freund Guardinis

Heiliger Geist, du bist uns gegeben nach der Weise des Geistes. Du bist bei uns in einem immer neuen Kommen, du stehst uns zur Seite in einem immer neuen Herantreten, und das heilige Leben haben wir, indem du es uns immer aufs neue gibst. So bitten wir dich, erfülle an uns die Sendung, zu welcher der Sohn dich gesandt hat.
„Nimm“, o Geist Jesu Christi, „was sein ist, und gib es mir“, damit es mein werde. Laß dein Licht in mir aufleuchten, damit ich seine Wahrheit erkenne. Binde mein Herz zu der Treue des Glaubens, damit mich nichts von ihr abwendig machen könne. Und lehre mich lieben, denn ohne die Liebe ist die Wahrheit tot. „Nicht darauf steht ja die Liebe, daß wir aus uns Gott zu lieben vermöchten, sondern daß er uns zuerst geliebt hat.“ Überzeuge mein Herz von Gottes Liebe, und gib mir die Kraft, ihn wieder zu lieben, damit „ich in Gott bleibe und er in mir“. Du, o Geist, führst die neue Schöpfung herauf in der alt gewordenen Welt: Erfülle mich mit Zuversicht in deine heilige Macht. Sie ist nicht irdischer Art, und unter den Gewalten und Klugheiten der Erde scheint sie oft töricht und schwach. So gib meinem Herzen die Hoffnung auf „die Freiheit der Herrlichkeit der Kinder Gottes“.

Romano Guardini,
1885-1968; katholischer Theologe und Religionsphilosoph

Wer bist du, Licht,
das mich erfüllt
und meines Herzens Dunkelheit
erleuchtet?
Du leitest mich
gleich einer Mutter Hand,
und ließest du mich los,
so wüßte keinen Schritt
ich mehr zu gehn.

Du bist der Raum,
der rund mein Sein
umschließt und
in sich birgt.
Aus dir entlassen,
sänk' es in den Abgrund
des Nichts,
aus dem du es
zum Sein erhobst.
Du, näher mir
als ich mir selbst
und innerlicher
als mein Innerstes –
und doch ungreifbar
und unfaßbar
und jeden Namen sprengend:
Heiliger Geist – Ewige Liebe.

Bist du das Manna nicht,
das aus des Sohnes Herz
in meines übergeht,

der Engel und der Sel'gen
Speise?
Er, der vom Tod
zum Leben sich erhob,
er hat auch mich
zu neuem Leben
auferweckt,
vom Schlaf des
Todes,
und neues Leben
gibt er mir
von Tag zu Tag.
Einst soll mich seine Fülle
ganz durchfluten,
Leben von deinem Leben –
ja, du selbst:
Heiliger Geist – Ewiges Leben.

Bist du der Strahl,
der von des Richters
Thron herniederzuckt
und einbricht
in die Nacht der Seele,
die nie sich selbst erkannt?
Barmherzig-unerbittlich
dringt er in verborgne Falten.
Erschreckt vom Anblick
ihrer selbst,
gewährt sie Raum –
heiliger Furcht,
dem Anfang jener Weisheit,

die aus der Höhe kommt
und in der Höhe uns
ganz fest verankert, –
deinem Wirken,
das neu uns schafft:
Heiliger Geist – durchdringender Strahl.

Bist du des Geistes Fülle
und die Kraft,
durch die das Lamm die Siegel löst
von Gottes ew'gem Ratschluß?
Von dir getrieben, reiten
des Gerichtes Boten
durch die Welt
und scheiden mit
scharfem Schwert
das Reich des Lichtes
von dem Reich der Nacht.
Dann wird der Himmel neu
und neu die Erde,
und alles kommt
an seinen rechten Ort
durch deinen Hauch:
Heiliger Geist – Siegende Kraft.

Bist du
das Lied der Liebe
und der heil'gen Scheu,
das ewig tönt
um Gottes Thron,
das aller Wesen reinen Klang

in sich vermählt?
Der Einklang, der
zum Haupt die Glieder
fügt,
darin ein jeder
seines Seins geheimen Sinn
beseligt findet
und jubelnd ausströmt,
in deinem Strömen:
Heiliger Geist – Ewiger Jubel.

Edith Stein,
1891-1942; Philosophin; Karmelitin,
im KZ Auschwitz umgekommen

Geist des Herrn, der du das NEUE liebst,
wann wirst du er-NEU-ern das Antlitz deiner Kirche?
Wann wirst du uns zeigen,
wie viel ALTES in ihr verschwinden darf und soll,
damit ihr Antlitz wieder NEU
und schön und jung werde?
Ich liebe an dir, Heiliger Geist, über alles,
daß du nicht der Geist der Knechtschaft bist,
sondern der Geist der Sohnschaft und der Freiheit!
Heiliger Geist,
die Menschen hungern nach Freiheit!
Was gäben sie darum,
wenn in deiner Kirche einmal groß und klar
die Freiheit verkündet würde?!
Zeig uns, wie wir frei werden
von der Knechtschaft des Buchstabens,
frei für die Liebe
zu diesen vielgeknechteten Menschen!
Laß wieder wehen den Sturm deiner Liebe!
Ja, laß es wieder stürmen in deiner Kirche!
Mach NEU ihr Angesicht!
Laß das Banner der Freiheit wieder wehen
über den Kindern Gottes!
Dann werden sie wieder glauben an dich,
Heiliger Sturmbraus des Herrn,
Er-NEU-erer der Menschheit,
Geist der Liebe und der Freiheit!

Josef Dillersberger,
1897-1972; Professor für Neues Testament

Heiliger Geist,
du bist heilig und machst heilig.
Du bist der Paraklet,
unser Beschützer und Tröster.
Du bist der Lebensspender.
Du bist der Befreier.
Du bist die Liebe.

Du bist der Geist Gottes.
Du bist der Geist Christi.
Du bist die ungeschaffene Gnade,
die in uns wohnt,
und die Quelle jeder geschaffenen Gnade,
die Kraft der Sakramente.

Du bist der Geist der Wahrheit.
Du bist die Einheit der Gemeinschaft,
ihr Ursprung,
und die Antriebskraft der Ökumene.

Du bist die Freude dessen, der Gott findet.
Du bist der Spender der sieben Gaben
und der Ursprung aller Charismen.
Du machst fruchtbar unser Apostolat.
Du schenkst den Märtyrern Mut.
Du inspirierst die Künstler.
Du leitest das Lehramt an
und bist die höchste Autorität der Kirche.

Papst Paul VI.
(1897-1978)

Komm, Heiliger Geist.
Du bist der Lebensspender,
der Tröster,
das Feuer der Seele,
die lebendige Quelle in uns.
Du bist die Liebe
im göttlichen Sinne des Wortes.

Wir brauchen dich unbedingt.
Du bist das Leben unseres Lebens.
Du heiligst uns,
dich empfangen wir
in den Sakramenten.
Du bist das Siegel Gottes,
das uns das Merkmal Christi einprägt.
Du bist die Sanftmut
und die Kraft
des wahren christlichen Lebens.

Du bist der süße Gast unserer Seele.
Du bist der Freund,
dem wir begegnen wollen
mit innerer Aufmerksamkeit,
ehrfürchtigem Schweigen,
demütigem Hören,
zärtlicher Hingabe,
kraftvoller Liebe.
Komm, Heiliger Geist,
und erneuere das Antlitz der Erde.

Papst Paul VI.

Komm, Geist, Geist des Vaters und des Sohnes.
Komm, Geist der Liebe, Geist der Kindschaft,
Geist des Friedens, der Zuversicht,
der Kraft und der heiligen Freude.
Komm, du geheimer Jubel in den Tränen der Welt.
Komm, du siegreiches Leben im Tod der Erde.
Komm, du Vater der Armen,
du Beistand der Bedrängten.
Komm, du Licht der ewigen Wahrheit.
Komm, du Liebe,
die in unseren Herzen ausgegossen ist.

So komm, komm täglich neu und mehr.
Auf dich vertrauen wir.
Worauf könnten wir sonst vertrauen?
Dich lieben wir, weil du die Liebe selber bist.
In dir haben wir Gott zum Vater,
weil du in uns rufst: Abba, lieber Vater.
Wir danken dir, du Lebendigmacher,
du Heiliger Geist, der du in uns wohnst,
daß du selbst das Siegel des lebendigen Gottes
in uns hast sein wollen,
das Siegel, daß wir sein Eigentum sind.
Bleib bei uns.
Verlaß uns nicht.
Nicht im bitteren Kampf des Lebens.
Und nicht am Ende, wo uns alles verläßt.
Veni, Sancte Spiritus.

Karl Rahner,
1904-1984; Jesuit; katholischer Theologe

Anbetung Dir, o Heiliger Geist, Du Feuerflamme Gottes, des Allerhöchsten, der Du herniederkommst auf uns sündige Menschenkinder, uns zu entzünden zur Glut der Gottesliebe.
Anbetung Dir, o Heiliger Geist, Du Geist des Lebens, der Du Totengebeine lebendig machst und als Odem Gottes unsere toten Herzen anhauchst, daß wir zum Leben erwachen und unseren Heiland und Erretter preisen.
Anbetung Dir, o Heiliger Geist, Du Geist der Kraft und Stärke, der Du zerbrichst das Hohe und Erhabene und erniedrigst die Stolzen, daß der Eine, Gott, allein hoch sei.
Anbetung Dir, o Heiliger Geist, Du Gottesgeist, der Du aus Gott kommst und die Tiefen der Gottheit erforschst und sie denen kundtust, die Gott lieben.
Anbetung Dir, o Heiliger Geist, Du Geist der Freude, der Du die Traurigen tröstest, bekümmerte Herzen voll Lachens machst und sie erfüllst mit dem Glanz Gottes.
Anbetung Dir, o Heiliger Geist, Du Geist der Wahrheit, der Du dem Schwerte gleich scheidest Mark und Bein und richtest die Gedanken und bringst das Verborgene des Herzens ans Licht.
Anbetung Dir, o Heiliger Geist, Du strahlst in der Finsternis als das helle Gotteslicht und erleuchtest uns, daß wir den Weg Gottes erkennen und nicht zu irren brauchen.
Anbetung Dir, o Heiliger Geist, Du schöpferischer Geist, der Du Menschenkinder von neuem geboren werden läßt und Sünder zu Kindern Gottes machst.
Anbetung Dir, o Heiliger Geist, Du Geist der Vollen-

dung, der Du das Bild Gottes in uns sündigen Menschen gestaltest und vollendest zur göttlichen Klarheit.
Anbetung Dir, o Heiliger Geist, Du fährst wie Windesbrausen durch Himmel und Erde und erfüllst deine Gemeinde mit dem Geist der Anbetung und des Dankes.
Anbetung Dir, o Heiliger Geist, Du ewiger Geist, der Du bist und warst, Du bist dem Vater und dem Sohne gleich und eins mit ihnen als ewige Gottheit.

M. Basilea Schlink,
geboren 1904; Mitbegründerin der Evangelischen Marienschwesternschaft

Heiliger Geist,
gib mir den Glauben,
der mich vor Verzweiflung,
Süchten und Laster rettet,
gib mir die Liebe zu Gott und den Menschen,
die allen Haß und Bitterkeit vertilgt,
gib mir die Hoffnung,
die mich befreit von Furcht und Verzagtheit.

Dietrich Bonhoeffer,
1906-1945; evangelischer Theologe,
im KZ Flossenbürg hingerichtet

Hier sind wir, Herr, Heiliger Geist. Hier sind wir, mit Sünden beladen, aber versammelt in deinem Namen. Komm in unsere Mitte, sei unter uns, komm in unsere Herzen mit deiner Gnade! Lehre uns, was wir tun sollen, weise uns, wohin wir gehen sollen, zeige uns, was wir wirken müssen, damit wir durch deine Hilfe dir in allem wohlgefallen! Du allein sollst unsere Urteile wollen und vollbringen, denn du allein trägst mit dem Vater und dem Sohn den Namen der Herrlichkeit. Der du die Wahrheit über alles liebst, laß nicht zu, daß wir durcheinanderbringen, was du geordnet hast. Unwissenheit möge uns nicht irreleiten, Bestechlichkeit und falsche Rücksichten uns nicht verderben! Deine Gnade allein möge uns binden an dich! In dir laß uns eins sein und in nichts abweichen vom Wahren! Wie wir in deinem Namen versammelt sind, so laß uns auch in allem, vom Geist der Kindschaft geführt, festhalten an der Gerechtigkeit des Glaubens, daß unser Denken nie uneins werde mit dir. Laß uns in der Welt, die da kommt, bei dir sein in Ewigkeit und deinen Namen rühmen ohne Unterlaß.

Dieses Gebet (aus einem in Mainz um 950 gebräuchlichen Pontificale) wurde von den Vätern des Zweiten Vatikanischen Konzils (1962-1965) zu Beginn jeder Sitzung gebetet.

Geist Gottes,
schenke den Menschen Träume.
Keine trügerischen, entfremdeten
und keine entfremdenden,
sondern schöne Träume,
die morgen Wirklichkeit werden.

Dom Helder Camara,
geboren 1909; Erzbischof von Recife (Brasilien)

Geist Gottes,
wie das Licht den Schatten vertreibt,
so befreie durch deine göttliche Gegenwart alle,
die sich verlassen und allein vorkommen,
von ihren schrecklichen Gefühlen.

Dom Helder Camara

Komm, o Tröster, Heilger Geist,
Licht, das uns den Tag verheißt,
Quell, der uns mit Gaben speist,

komm und lindre unsere Last,
komm, gib in der Mühsal Rast,
komm, sei bei uns Armen Gast.

Glut, die unser Herz durchdringt,
Beistand, der zum Ziel uns bringt,
ohne den uns nichts gelingt,

halt uns, wo wir haltlos gehn,
rate, wo wir ratlos stehn,
sprich du, wo wir sprachlos flehn.

Hauch, der Leben uns verleiht,
lenk uns in der Erdenzeit,
führ uns hin zur Seligkeit.

Maria Luise Thurmair,
geboren 1912; Schriftstellerin und Liederdichterin

Komm, Heiliger Geist, bekehre uns, reinige und heilige uns, daß wir fähig werden, das Rechte zu sehen und zu tun. Befreie uns von Oberflächlichkeit und Zerstreutheit, die zu allzu vielen unbedachten Worten und Handlungen führen. Weite unseren Blick, daß wir die Nöte der anderen und die Erfordernisse des Gemeinwohls sehen und spüren. Zeige uns, wie wir unsere Fähigkeiten und die uns anvertrauten Güter am sinnvollsten einsetzen können. Schenke uns die Gnade, wachsam und feinfühlig zu werden für das Angebot des Hier und Heute, bereit zu werden, es weise und hochherzig zu nutzen.
Erleuchte alle, die in Kirche, Staat, Politik, Kultur und Wirtschaft hohe Verantwortung tragen. Steh vor allem jenen bei, die sich ganz der Sache des Friedens geweiht haben. Hilf allen, die Zeichen der Zeit richtig zu deuten, auf dem Guten weiterzubauen, sich von den alarmierenden Zeichen der Zeit wachrütteln zu lassen und weise nach Heilmitteln zu suchen.
Ohne dich vermögen wir nichts, fallen in tausend Torheiten und werden mitschuldig an den Dummheiten vieler anderer. Darum beten wir von ganzem Herzen: Schenke uns die Gaben der Weisheit und der Klugheit.

Bernhard Häring,
geboren 1912; katholischer Moraltheologe

Geist des auferstandenen Christus,
Geist des Mitleids,
Geist des Lobpreises,
deine Liebe zu jedem Menschen wird nie vergehen.
Geist des lebendigen Gottes,
wenn Zweifel und Zögern, dich einzulassen,
alles zu verschlingen scheinen,
bist du da, bist du zugegen.
Du entfachst das Feuer,
das inwendig unter unserer Asche glimmt.
Du nährst dieses Feuer
mit unseren Anfechtungen,
mit unseren Dornen,
mit allem, was uns an uns selbst
und bei anderen wehtut,
so daß durch dich sogar
die Steine unseres Herzens verglühen,
Licht in unserer Finsternis,
Morgenglanz unserer Dunkelheit.

Frère Roger,
geboren 1915; Gründer der Gemeinschaft von Taizé

Hilf uns, Heiliger Geist, du Pfingstgeist,
zu klären, was zweifelhaft ist,
zu durchglühen, was lau ist,
zu erhellen, was dunkel ist,
vor der Welt glaubwürdige Zeugen
der Liebe Christi zu sein,
denn „niemand kann leben ohne Liebe“.

Papst Johannes Paul II.
(geboren 1920)

Wie sehr müßten wir dir danken, Heiliger Geist, und wie selten tun wir es; wir wenden uns oft an Christus und den Vater, mit denen du ganz eins bist. Das tröstet uns, aber das rechtfertigt nicht unsere Unterlassung. Wir wollen in deiner Nähe sein. Denn du ermutigst die Verlassenen, bist unser innigster Freund, gibst uns immer wieder neue Kraft. Du bist Licht, Freude, Harmonie. Du reißt die Menschen mit, bringst Schwung und Tiefe in unser Leben, hilfst uns, entschlossen und mit ganzem Einsatz nach Vollkommenheit zu streben. Was alle gutgemeinten Worte auf der Welt nicht erreichen können, das bewirkst du: unsere Heiligung.
Heiliger Geist, du bist so zurückhaltend und läßt uns die Freiheit. Zwar bist du auch stürmisch und mitreißend, doch wehst du wie ein linder Wind, den nur wenige wahrzunehmen wissen. Gerade deshalb schau uns an, sieh, wie schwerfällig wir sind! Mach uns offen für dich. Kein Tag soll vergehen, an dem wir dich nicht anrufen, anbeten, lieben, dir danken, auf dich schauen bei unserem Tun. Schließ uns in dein großes Erbarmen ein, besonders in der Stunde der größten Dunkelheit, wenn dieses Leben erlischt, um in das ewige einzugehen.

Chiara Lubich,
geboren 1920; Gründerin der Fokolar-Bewegung

Geist Gottes, du bist bei uns von Anbeginn der Welt, um der Erde immer neu ihr Gleichgewicht zu schenken. Wir sind jetzt in der Gefahr, das Gleichgewicht für immer zu verlieren. Es ist deine Stunde, Geist Gottes, bei uns zu sein und bei uns zu bleiben. Hilf uns zu hoffen, wirklich zu hoffen und nicht nur zu träumen. Und wenn wir träumen, wollen wir die Sehnsüchte aller Menschen in unsere Träume hineinnehmen, damit sie Hoffnung und Realität werden. Geist Gottes, gib uns Vertrauen; denn ohne Vertrauen können wir nicht leben. Gib Vertrauen unseren Mitmenschen, den armen Menschen, den Ärmsten der Welt. Aber auch all jenen, die die Zügel in den Händen haben, daß sie wissen, o Geist Gottes, daß jeder Mensch die ganze Menschheit darstellt. Bleibe bei uns, und segne unser Leben.

Paulo Evaristo Arns,
geboren 1921; Erzbischof von São Paulo (Brasilien)

Heiliger Geist

Ich bitte
um Mut und Treue
damit ich mit Jesus
die Stadt der Liebe und des Friedens bauen kann

Nimm mir die Angst
Weizenkorn zu sein
für das Brot der künftigen Stadt
In der Erde versenkt zu werden
für das Brot der künftigen Stadt

Geschlagen und gedroschen zu werden
für das Brot der künftigen Stadt
Durch die Mühlen getrieben zu werden
für das Brot der künftigen Stadt
Durch das Feuer geschickt zu werden
für das Brot der künftigen Stadt

Heiliger Geist

Ich bitte
um Mut und Treue
damit ich mit Jesus
die Stadt der Liebe und des Friedens bauen kann

Anton Rotzetter,
geboren 1939; Kapuziner, Dozent für franziskanische Spiritualität

Sende, Herr, uns deinen Geist

Wir bitten dich, Herr:
Sende deinen Geist
über die Gaben deiner heiligen Kirche,
führe alle in die Gemeinschaft mit dir,
und gewähre denen,
die diese Gaben empfangen,
daß sie erfüllt werden durch den Heiligen Geist.
Stärke ihren Glauben in der Wahrheit,
damit sie dich loben und preisen
durch deinen Sohn Jesus Christus.
Durch ihn gebührt dir, Vater, und dem Sohn
in der Gemeinschaft des Heiligen Geistes
in der heiligen Kirche
die Herrlichkeit und Ehre,
jetzt und von Ewigkeit zu Ewigkeit.

Hippolyt von Rom,
gestorben um 235; Kirchenschriftsteller, Märtyrer

Wir preisen dich, unsichtbarer Vater,
du Spender ewigen Lebens.
Du bist der Urquell jeder Gnade und jeder Wahrheit.
Du liebst die Menschen
und bist der Freund der Armen.
Durch das Kommen deines geliebten Sohnes
läßt du dich mit allen versöhnen
und ziehst alle an dich.
Mache aus uns lebendige Menschen.
Gib uns den Geist des Lichtes,
daß wir dich und Jesus Christus,
den du gesandt hast, erkennen.
Gib uns den Heiligen Geist,
damit wir deine unergründlichen Geheimnisse
künden und erklären können.
Aus uns möge reden Jesus, der Herr,
und der Heilige Geist.
Durch uns soll er dich lobpreisen.
Denn du bist erhaben über jede Macht und Gewalt
und Kraft und Herrschaft.

Serapion,
gestorben nach 362; Bischof von Thmuis (Ägypten)

O Herr, der du Erbarmen hast mit uns,
nimm hinweg von mir meine Sünden,
und entzünde in mir
das Feuer deines Heiligen Geistes.
Nimm hinweg von mir dies Herz von Stein,
und gib mir ein Herz von Fleisch und Blut,
ein Herz, dich zu lieben und zu verehren,
ein Herz, das Freude daran findet,
dir zu folgen und zu gefallen.

Ambrosius,
gestorben 397; Bischof von Mailand, Kirchenlehrer

Herr,
erleichtere die schwere Last meiner Sünden,
mit denen ich schwer gefehlt habe.
Reinige meinen Geist und mein Herz.
Führe mich auf den rechten Weg;
sei mir ein Licht auf meinem Pfad.
Öffne mir den Mund,
und schenke mir die Gabe des Wortes,
durch die Feuerzungen deines Geistes
verleihe meiner Zunge,
daß sie klar und deutlich rede von dir,
dessen Augen mich allezeit anschauen.
Sei mir Hirte, Herr,
und hilf mir, Hirte zu sein,
damit mein Herz sich nicht ablenken läßt.
Dein guter Geist führe mich den rechten Weg.
Meine Taten sollen nach deinem Willen geschehen,
jetzt und allezeit!

Johannes von Damaskus,
gestorben um 750; Kirchenlehrer

Allmächtiger, ewiger,
gerechter und barmherziger Gott,
hilf uns in unserer Not,
damit wir tun können,
was wir als deinen Willen erkannt haben.
Hilf uns, immer zu wollen,
was dir gefällt,
damit wir innerlich geläutert
und erleuchtet werden,
damit wir,
erfüllt vom Feuer des Heiligen Geistes,
den Spuren deines geliebten Sohnes folgen können,
unseres Herrn Jesus Christus.
Allein durch deine Gnade
können wir zu dir, dem Allerhöchsten, gelangen,
der du lebst und herrschest
in dreifaltiger Einheit.
Ehre sei dir, allmächtiger Gott,
von Ewigkeit zu Ewigkeit.

Franz von Assisi,
gestorben 1226; Ordensgründer

Lasset uns beten um Weisheit, daß wir die Frucht des wahren Lebensbaumes, Christus, genießen, und seine belebende Kraft verkosten.
Lasset uns beten um die Gabe des Verstandes, daß unser inneres Auge erleuchtet werde.
Lasset uns beten um die Gabe der Stärke, daß wir den Ansturm des Bösen entkräften.
Lasset uns beten um die Gabe der Wissenschaft, daß wir vom Licht deiner heiligen Lehre durchdrungen, Gutes und Böses unterscheiden.
Lasset uns beten um die Gabe der Liebe, daß wir ein herzliches Erbarmen in uns hegen.
Lasset uns beten um die Gabe der Furcht, daß wir Ruhe finden in heiliger Ehrerbietung vor deiner göttlichen Hoheit.

Bonaventura,
gestorben 1274; Franziskaner, Bischof, Kirchenlehrer

Barmherziger Gott,
meine Süßigkeit und Liebe,
sende aus dem Paradies deinen Heiligen Geist,
und schaffe in mir ein neues Herz
und einen neuen Geist.
Deine Salbung lehre mich alles;
dich habe ich ja erwählt unter Tausenden,
und dich liebe ich über alle Liebe
und mehr als meine eigene Seele.
O Heiliger Geist,
Gott der Liebe,
empfange mich
in der größten Barmherzigkeit und Liebe,
damit ich dich in meinem ganzen Leben
zum Lehrmeister habe
und zum gütigen Freund meines Herzens.

Gertrud von Helfta,
1256-1302; Zisterzienserin, Mystikerin

O Herr, allmächtiger Gott,
ich weiß, daß ich alles von dir empfangen habe
und aus mir selbst nichts bin und kann.
Um deiner Güte willen bitte ich dich in Demut,
handle an mir nicht, wie es meine Sünden verdienen,
sondern nach deiner großen Barmherzigkeit.
Sende mir den Geist der Heiligkeit,
damit er mein Herz erleuchte und stärke,
auf dem Weg deiner Gebote zu wandeln,
daß ich in dem verharre,
was ich durch deine Eingebung
als das Rechte erkannt habe,
und daß keine Versuchung
mich davon abzuhalten vermag.

Birgitta von Schweden,
1303-1373; Gründerin des Birgittenordens

Ewiger Gott,
du Vater unseres Herrn Jesus Christus,
gib mir deinen Heiligen Geist.
Er soll in mir
einen rechten, wahren Glauben erwecken,
mich beherrschen, stärken und stützen.
O du Sohn des ewigen Vaters, Jesus Christus,
schenke mir deinen Heiligen Geist.

Martin Luther,
1483-1546; Reformator

Herr Gott, lieber Vater,
du hast alle, die dir vertrauen,
durch deinen Heiligen Geist erleuchtet und gelehrt.
Schenke auch uns durch deinen Geist
rechtes Verstehen.
Laß uns durch ihn zu aller Zeit Trost finden.
Erfülle uns mit seiner Kraft.
Wir bitten dich durch deinen Sohn
Jesus Christus, unsern Herrn.

Martin Luther

Herr, allmächtiger Gott,
dein Heiliger Geist möge bei uns wohnen,
er möge uns erleuchten
und uns alle Wahrheit lehren.
Er beschütze und stärke uns
bei allem Tun und Lassen,
in Zeiten der Not
und in Zeiten der Freude.

Petrus Kanisius,
1521-1597; Jesuit, Kirchenlehrer

Es möge dem Herrn gefallen,
euch die Fülle seines Geistes zu schenken,
der nichts anderes ist als Liebe,
Sanftmut, Güte und Barmherzigkeit,
so daß ihr durch die Einübung dieser Tugenden
alles, was ihr tut,
so tun könnt, wie er es von euch will,
zu seiner Verherrlichung,
zu eurem Wohl
und dem Nächsten zum Vorbild.

Vinzenz von Paul,
1581-1660; Ordensgründer

Mein Herr und Erlöser,
den Aposteln, die sich im Abendmahlssaal
zum Gebet versammelt hatten,
hast du den Heiligen Geist gesandt.
Schenke mir heute deinen Geist,
daß er mich leite beim Gebet
und jeden Gedanken von mir fernhalte,
der nicht von dir kommt.
Ich will nur denken,
was dein Geist mir eingibt.
Der Geist trage mein Gebet zu dir.
Er entzünde in mir das Feuer seiner Liebe.
Komm, Heiliger Geist,
und sende in unser Herz
aus Himmelshöhen
einen Strahl deines Lichtes.

Johann Baptist de La Salle,
1651-1719; Gründer der Genossenschaft
der Schulbrüder

Herr Gott, wir danken dir für die Gabe deines Heiligen Geistes, durch welchen wir Jesum unsern Herrn heißen und den Zugang haben zur Gnade mit aller Zuversicht und Freudigkeit, also daß wir rufen: Abba, lieber Vater!
Laß ihn bei uns bleiben immerdar und kräftig in uns werden, daß er Zeugnis gebe unserem Geiste, daß wir deine Kinder sind; daß er uns erleuchte und in alle Wahrheit leite, auf daß wir erkennen mögen die Liebe Christi, die alle Erkenntnis übertrifft; daß er uns treibe zu allem guten Werke und unserer Schwachheit aufhelfe, wenn wir nicht wissen, was wir beten sollen, wie sich's gebühret.
Laß uns voll werden deines Heiligen Geistes, daß er uns schmücke mit Kräften und Gaben in Christo Jesu und uns verkläre in sein Bild von einer Klarheit zur andern, auf daß wir sein Eigentum seien und etwas werden zum Lobe seiner Herrlichkeit.

Herrenhuter Brüdergemeine

Vater! Im Namen deines Sohnes flehe ich zu dir um den Heiligen Geist. Der Heilige Geist sei ein Mahner, wenn ich deines Gesetzes, deiner Liebe, deiner Verheißungen vergessen will. Dein Heiliger Geist, Vater, stärke mein Gedächtnis, daß ich mich recht oft an deine Heiligkeit und Allwissenheit, an deine Weisheit und Güte, an deine Treue und Liebe erinnere. Dein Heiliger Geist sei meine Ermutigung, wenn ich träge, meine Stärke, wenn ich schwach bin, mein Licht, wenn ich mir nicht zu helfen weiß. Dein Heiliger Geist befestige meinen Glauben, wenn mich finstere Zweifel beunruhigen, stärke meine Hoffnung, wenn ich mutlos werde, entzünde meine Liebe, wenn sie gegen dich und meinen Nächsten erkaltet ...
Vater! Laß deinen Heiligen Geist, den Geist deines Sohnes, über mich kommen, wie er einst über die Jünger Jesu gekommen ist! Ja, Vater, du hast durch Jesus Christus verheißen, allen die dich bitten, den Heiligen Geist zu geben. Dein Wort ist Wahrheit.

Johann Michael Sailer,
1751-1832; Bischof von Regensburg

Wir loben dich, unsichtbarer Vater, du Freund der Menschen und Helfer der Armen, der du allen vergibst und ziehest alle zu dir durch die Erscheinung deines lieben Sohnes. Wir bitten dich, mache uns zu lebendigen Menschen. Gib uns den Geist des Lichtes, auf daß wir dich erkennen, den wahrhaftigen Gott, und den du gesandt hast, Jesum Christum. Gib uns den Heiligen Geist, daß wir deine Wunder erzählen und verkünden deine unaussprechlichen Geheimnisse.
Jesus, der Herr, rede in uns, und der Heilige Geist singe dir Lieder in unseren Herzen. Denn du bist erhaben über alle Fürstentümer, Gewalt, Macht, Herrschaft und alles, was genannt mag werden, nicht allein in dieser Welt, sondern auch in der zukünftigen.

Hermann Bezzel,
1861-1917; lutherischer Theologe

O Herr Jesu,
erfülle an uns deine trostreiche Verheißung.
Sende uns den Heiligen Geist,
daß er uns leite auf allen unseren Wegen,
wenn unsere letzte Stunde kommt,
uns beistehe in der Todesnot
und uns zum ewigen Leben helfe,
damit wir einst,
am Pfingsttage der Ewigkeit,
dich, der du mit dem Vater
und dem Heiligen Geiste
lebest und regierest,
mit neuen Zungen loben
und preisen allezeit.

Hans Meiser,
1881-1956; Landesbischof der Evangelisch-Lutherischen Kirche in Bayern

Du, Herr, hole mich!
Du sende Deinen Geist, daß er mich umschaffe.
Du gib mir den neuen Sinn,
der im Stande ist,
das Deinige von Dir her zu denken.
Du gib mir das neue Herz;
aus Gottes Liebe geformt
und fähig zu würdigen, was Gottes ist.

Du ewiger Ursprung, hole mich zu Dir!
Du Schöpfer Geist, schaffe mich um!
Der Du mich begonnen hast, vollende mich!

Romano Guardini,
1885-1968; katholischer Theologe und Religionsphilosoph

Lieber himmlischer Vater! Nun bitten wir dich, daß du uns allen deinen Heiligen Geist gebest und immer wieder gebest, damit er uns erwecke, erleuchte, ermutige und fähig mache, den kleinen und doch so großen Schritt zu wagen: aus dem Trost, mit dem wir uns selber trösten können, heraus und hinein in die Hoffnung auf dich.
Kehre du uns von uns selbst weg zu dir hin! Erlaube es uns nicht, uns vor dir zu verstecken! Laß es nicht zu, daß wir es ohne dich machen wollen! Zeige uns, wie herrlich du bist und wie herrlich es ist, dir vertrauen und gehorchen zu dürfen.

Karl Barth,
1886-1968; evangelischer Theologe

Herr Gott, Vater der Barmherzigkeit,
sende deinen Geist in unsere Herzen.
Christe, aller Welt Heiland,
sende deinen Geist in unsere Herzen.
Herr, Heiliger Geist,
der ausgeht vom Vater und vom Sohne,
komme in unsere Herzen.
Erwecke in uns den Lobgesang,
wirke in uns unvergänglichen Dank;
schenke uns die Macht der Liebe,
die mehr ist als alle Güter.
Hilf uns, daß wir einander begegnen
als Brüder und Schwestern;
gib, daß unsere Augen, unsere Hände,
unser Mund, all unser Sein und Werk
Zeugnis ablege von deinem Erbarmen.

Karl Bernhard Ritter,
1890-1968; Stifter der Evangelischen Michaelsbruderschaft

Herr, gib uns Atem,
auf daß wir nicht atemlos werden im Laufe des Weges,
auf daß unsere Lungen stets
voller Odem und Leben seien.
Hilf uns, daß wir in ein Morgen gehen,
ohne rückwärts zu schauen
und die Anstrengungen zu scheuen.
Gib uns Atem, daß wir alles, was Menschen –
und auch du –
von uns erwarten, wahrhaft vermögen.
Gib uns Atem, um neu zu hoffen,
so als ob das Leben erst heute begänne.
Gib uns Hoffnung auch bei Sturm und Flut,
weil du da bist und wir auf dich hoffen.
So tragen wir in uns alle Hoffnung der Menschen,
aber auch alle ihre Qualen.
Gib uns Atem, deinen Atem, der vom Vater kommt,
deinen Geist, der weht, wo er will,
in Regen und Wind
oder im leichten Anhauch,
mit dem du uns einlädst,
deinem geistigen Fluge zu folgen.
Gib uns deinen Atem für ein Gebet aus der Tiefe,
ein Gebet, das du uns eingibst,
das in uns aufsteigt
und nach deiner Wiederkehr in Herrlichkeit ruft,
das sich sehnt nach der Fülle des Herrn.

Kardinal Léon-Joseph Suenens,
geboren 1904; Alterzbischof von Mecheln-Brüssel

Sende uns, Herr, deinen Geist,
denn nur er kann die Erde erneuern,
nur er kann die Selbstsucht aufbrechen,
nur er kann uns helfen,
eine menschlichere,
eine christliche Welt aufzubauen.

Dom Helder Camara,
geboren 1909; Alterzbischof von Recife (Brasilien)

Gott, wir sind eins mit dir. Du hast uns mit dir eins gemacht. Du hast uns zugesagt, daß du in uns wohnst, wenn wir einer den anderen annehmen. Hilf uns, die Offenheit füreinander zu wahren und für sie zu kämpfen mit all unserer Kraft. Hilf uns zu begreifen, daß wir einander nicht verstehen können, wenn wir einander ablehnen. Gott, wenn wir einer den anderen annehmen, vorbehaltlos und vollständig, mit weit geöffnetem Herzen, nehmen wir dich selber auf, empfangen wir dich, beten wir dich an, bist du es, den wir lieben mit unserem ganzen Sein. Denn unser Sein lebt im Herzen des deinen, und unser Geist hat seine Wurzeln in deinem Geist. Erfülle uns mit Liebe, und laß diese Liebe uns untereinander verbinden, wenn auch die Wege, die wir gehen, verschieden sind. Eine uns in diesem Geist, der dich gegenwärtig macht in der Welt, der dich zum Zeugen jener Wirklichkeit macht, die nicht mehr überschritten werden kann: zum Zeugen der Liebe. Die Liebe hat alles überwunden, die Liebe siegt.

Thomas Merton,
1915-1968; Trappist, geistlicher Schriftsteller

Mein Herr und mein Gott, ich möchte jetzt in der Kraft deines Heiligen Geistes jedem vergeben, der mich in meinem Leben angegriffen oder verletzt hat. Ich weiß, daß du mein Glück und meine Gesundheit mehr wünschst, als ich sie für mich selbst erstreben kann, ich bitte dich, dringe jetzt ein in die Bereiche meines Lebens und meines Geistes, die noch nicht von deiner Vergebungskraft erfüllt sind. Ich widersage dem Versuch, in ständigen Selbstvorwürfen mich selbst zu rechtfertigen. Ich widersage auch der Versuchung, mich vor anderen zu rechtfertigen und nach Gründen zu suchen, ihnen nicht zu vergeben.

Mein Herr und mein Gott, ich bitte dich um die Gnade, jener Person zu vergeben, die mich in meinem Leben am meisten verletzt hat. Gib mir die Kraft, jetzt jenem Menschen zu vergeben, den ich als meinen größten Feind betrachte, dem zu vergeben mir sehr schwer fällt, dem ich gesagt habe, daß ich ihm nie vergeben könne.

Herr, laß mich nicht nur vergessen, was mich verletzt hat, sondern laß mich wirklich vergeben. Laß meine Vergebungsbereitschaft wachsen, und vollende in mir, was du begonnen hast. Erlöse mich von dem Bösen, und heile mich.

Heribert Mühlen,
geboren 1927; Professor für Dogmatik in Paderborn

Mein Herr, als dein Geist auf die Jünger herabkam, redeten sie in den Sprachen ihrer Zuhörer, die gekommen waren, um ihre Botschaft zu vernehmen. Ich bitte dich, laß deinen Geist in unserer Zeit die vielen Schranken durchbrechen, durch die Nationen und Völker voneinander getrennt sind. Laß unter uns Bewohnern der Erde Einheit herrschen. Gib uns Kraft, unsere körperlichen, gefühlsmäßigen und seelischen Verschiedenheiten hintanzusetzen und zu begreifen, daß dein Heiliger Geist uns eint, indem er uns allen an deinem göttlichen Leben Anteil schenkt. Dein Geist öffne uns die Augen und Ohren für deine immerwährende Gegenwart unter uns. Gib, daß wir dich erkennen, wenn wir einander dienen, uns gemeinsam für Frieden und für eine bessere Welt einsetzen. Ohne deinen Geist sind wir ohnmächtig, aber mit und in deinem Geist können wir die Welt erneuern. Laß uns nicht allein, sondern sende deinen Geist in unsere Herzen, damit wir alle zusammen den Tag deiner glorreichen Wiederkunft vorbereiten und alle Tage unseres Lebens dich preisen, dir danken und dich verherrlichen können.

Henri J.M. Nouwen,
geboren 1932; Pastoraltheologe, geistlicher Schriftsteller

Wir flehen zu dir,
sende uns deinen Heiligen Geist,
und das Gesicht der Erde,
die wir lieben,
gestalte neu.

Schenk uns doch Frieden,
überall wo Menschen wohnen,
den Frieden, den wir selbst nicht stiften können
und der mächtiger ist als alle Gewalt,
deinen Frieden, ein Band,
ein neuer Bund zwischen uns allen,
die Lebenskraft Jesu Christi hier in unserer Mitte.

Huub Oosterhuis,
geboren 1933; holländischer Jesuit und geistlicher Schriftsteller

Mach uns eins in deinem Geist

Himmlischer König,
du Lehrer,
du Geist der Wahrheit,
der du überall gegenwärtig bist
und alles erfüllst;
du Schatzkammer alles Guten
und Lebensspender:
Komm, nimm Wohnung in uns,
reinige uns von allem Bösen,
und rette, o Gütiger, unser Leben.

Aus der Ostkirche

Stets war und ist und wird sein der Heilige Geist.
Nicht hat er Anfang, nicht hat er ein Ende.
Nein, stets ist vereint er mit Vater und Sohn,
stets wird er zu ihnen gezählt.
Leben ist er, und Leben wirkt er.
Licht ist er und Spender des Lichts.
Selbst ist er der Gute und die Quelle der Güte.
Durch ihn wird der Vater erkannt
und verherrlicht der Sohn.
Durch ihn wird von allen erkannt eine einzige Macht,
ein Band und eine Anbetung der Heiligen Dreiheit.
Jetzt werden Christi Apostel
mit der Kraft aus der Höhe umkleidet.
Sie werden erneuert durch den Tröster.
Ihn verkünden sie in neuen, erhabenen Worten,
sie lehren uns die Verehrung der ewigen
und einen dreipersönlichen Wesenheit Gottes,
des Wohltäters aller.
Darum laßt uns, durch ihre Lehren erleuchtet,
anbeten den Vater mit dem Sohn und dem Geist.
Laßt uns flehen um das Heil unserer Seelen.

Aus der Ostkirche

O Heiliger Geist, wahrer Gott!
Du bist auf die Apostel herabgekommen
wie ein wunderbarer, fruchtbarer Regen von Feuer:
Gieße aus über uns die Gabe deiner Weisheit!

Aus der armenischen Liturgie

Geist der Weisheit,
führe uns zur Vollendung.
Du gibst unserem Geiste Zeugnis,
daß wir Kinder Gottes sind;
laß uns den Reichtum göttlicher Gnade
in uns erfahren und verkosten,
auf daß wir mit wahrer geistlicher Freude
und deinem göttlichen Trost erfüllt werden.

Geist des Verstandes,
lehre uns, eindringen
in die Tiefen der göttlichen Wahrheit,
gib uns Festigkeit und Sicherheit im Glauben,
und laß uns erkennen die Erhabenheit Gottes,
die alles menschliche Begreifen übersteigt.

Geist des Rates,
zeige uns dort, wo unsere Klugheit versagt,
was zu tun und was zu meiden,
was zu sagen und was zu verschweigen ist.
Laß uns in allem recht urteilen,
und lenke unser Tun
zu Werken der Liebe und Barmherzigkeit.

Geist der Stärke,
verleihe uns den heiligen Mut
zum christlichen Wagnis,
damit wir Großes für Gott unternehmen
und ihm zuliebe Leid und Kreuz geduldig tragen.
Stärke uns in Gefahr,
bewahre uns ein unerschütterliches Vertrauen

auf Gottes Hilfe
und mache uns bereit,
für unseren Glauben das Leben hinzugeben.

Geist der Wissenschaft,
lehre uns, alles Geschaffene
in deinem göttlichen Lichte sehen,
damit wir die Nichtigkeit des Irdischen erkennen
und auf Gott allein unsere Hoffnung setzen.

Geist der Frömmigkeit,
du bist es, der in uns ruft: „Abba, Vater";
hilf uns, Gott, unseren Vater,
mit kindlicher Ergebenheit zu lieben;
entzünde in uns deinen heiligen Eifer
für die Ehre Gottes,
und laß uns ganz
seinem heiligen Dienste geweiht sein.

Geist der Gottesfurcht,
flöße uns Abscheu ein vor jeder Sünde,
schütze uns in Versuchungen,
und hilf uns,
die ungeordneten Leidenschaften zu zügeln.
Schenke uns die Gnade einer kindlichen Ehrfurcht
vor der göttlichen Majestät,
und bewahre uns vor Stolz und Vermessenheit.

Laudate

Komm, Geist des Lebens, steh uns bei! Denn ohne dich sind wir verloren.

Du Atem Gottes:
seit Urbeginn erfüllst du die ganze Schöpfung, in dir leben wir, bewegen wir uns und sind wir. Laß uns deine Nähe dankbar erfahren, stärke unser Vertrauen auf den Sieg des Guten, gib uns Mut zu leben!

Du Sturmwind aus der Unendlichkeit:
von alters her hast du Männer wie Abraham und Mose, Elia und Johannes den Täufer angetrieben, Gottes Volk zu sammeln und zu bekehren. Erwecke auch heute geisterfüllte Menschen, die uns die Zeichen der Zeit deuten, auf dem wahren Weg vorausgehen!

Du Kraft des Höchsten:
in der Fülle der Zeit ist durch dich der eingeborene Sohn Mensch geworden; du hast ihn gesalbt und gesandt, den Armen Frohe Botschaft zu bringen. Verbinde alle, die wiedergeboren sind zum neuen Leben, immer tiefer mit Christus, dem Urheber und Vollender des Glaubens!

Du Band der Einheit:
in deiner Kraft hat Jesus die Apostel erwählt, mitzuarbeiten an seinem Werk. Mache den Papst, die Bischöfe, Priester und Diakone einmütig und treu in ihrem Auftrag, und berufe aus unseren Gemeinden Menschen für den Dienst der Versöhnung!

Du Feuer vom Himmel:
du bist an Pfingsten auf die Kirche herabgekommen als Zeuge dafür, daß Jesus lebt und unaufhörlich wirkt. Erleuchte, läutere und stärke uns, damit auch wir die Botschaft des Heils überall unbeirrt und furchtlos bezeugen können!

Du Quell des Lebens:
von Anfang an hast du besondere Gnadengaben den einzelnen Glaubenden zugeteilt, damit sie anderen nützen. Mache jeden von uns fähig und bereit zu seinem Dienst in den vielfältigen Aufgaben und Nöten unserer Zeit!

Du Geist der Liebe, uns geschenkt:
du wandelst uns zu einer neuen Schöpfung, führst uns in die unendlich selige Gemeinschaft des Vaters und des Sohnes. Offenbare uns das Geheimnis unserer Berufung, daß wir voll Vertrauen und Sehnsucht rufen: Abba, lieber Vater!

Vater im Himmel, sende uns den Heiligen Geist durch deinen Sohn Jesus Christus, damit das Angesicht der Erde neu werde! Mache deine Kirche reich an Früchten des Geistes: Liebe, Freude, Friede, Geduld, Güte und Treue!

Emil Spath,
geboren 1931; Leiter des Informationszentrums Berufe der Kirche in Freiburg

Gott und Vater unseres Herrn Jesus Christus,
im Neuen Bund
berufst du aus allen Völkern dein Volk
und führst es zusammen im Heiligen Geist.
Gib, daß deine Kirche ihrer Sendung treu bleibt,
daß sie ein Sauerteig ist für die Menschheit,
die du in Christus erneuern
und zu deiner Familie umgestalten willst.
Darum bitten wir durch ihn,
der in der Einheit des Heiligen Geistes
mit dir lebt und herrscht in alle Ewigkeit.

Tagesgebet vom Pfingstmontag

Gott, unser Herr,
du hast das österliche Geheimnis
im Geschehen des Pfingstfestes vollendet
und Menschen aus allen Völkern
das Heil geoffenbart.
Vereine im Heiligen Geist
die Menschen aller Sprachen und Nationen
zum Bekenntnis deines Namens.
Darum bitten wir durch Jesus Christus.

Tagesgebet der Vorabendmesse von Pfingsten

Und wieder führt das Jahr herauf
der sel'gen Freude hohen Tag:
Der Beistand, den der Herr verhieß,
wird seinen Jüngern heut geschenkt.

In Flammen stürzt das Licht herab
und strahlt in Feuerzungen auf,
daß Glut der Liebe sie durchströmt
und ihrem Worte Macht verleiht.

In allen Sprachen reden sie,
die Menge staunt und steht gebannt,
man glaubt vom Weine sie berauscht,
die doch vom Geiste trunken sind.

Wir bitten dich, du guter Gott,
mit tief geneigtem Angesicht:
Des Geistes Gaben gieße nun
auch über uns in Gnaden aus.

Dir, Gott und Vater, sei der Ruhm,
dem Sohne, der vom Tod erstand,
dem Geist, der unser Beistand ist,
durch alle Zeit und Ewigkeit.

Hymnus der Laudes von Pfingsten

Sende, o Vater im Himmel, über uns alle, die wir hier beten, deinen Heiligen Geist. Ergreife durch ihn die Herzen, die jetzt noch beherrscht sind vom Geiste dieser Welt. Entzünde durch ihn das reine Feuer des Glaubens und der Liebe in unseren Seelen; mache lebendig durch ihn das Wort vom Kreuz, das uns gepredigt wird, damit es die Schlafenden wecke, die Zweifler zur Wahrheit führe, die Leichtsinnigen erschüttere und die Traurigen tröste.

Gieße aus deinen Heiligen Geist nach deiner Verheißung über alles Fleisch. Wecke allerorten Sehnsucht nach der Offenbarung deiner Herrlichkeit. Laß es Pfingsten werden in allen Landen ...
Vereinige uns, Herr Jesus Christus, aufs neue mit dir, dem Haupte. Laß uns auch untereinander eins werden als Glieder deines Leibes und in der Gemeinschaft deines Heiligen Geistes.

Komm, Heiliger Geist, tröste die Traurigen, stärke die Schwachen, lehre die Demütigen und erquicke die Leidtragenden. Sei in uns mit deiner Kraft, hilf uns die Werke des Glaubens und der Liebe zu vollbringen, und gestalte uns um in das Bild unseres Herrn.

Aus der methodistischen Kirche

Lebendiger Gott,
komm und mache unsere Seelen
zu Tempeln deines Geistes.
Heilige uns, Herr.

Taufe deine Kirche ganz und gar mit Feuer,
damit ihre Spaltungen bald enden
und sie vor der Welt aufgerichtet sei
als Säule und Stütze deiner Wahrheit.
Heilige uns, Herr.

Gewähre jedem von uns
die Früchte deines Heiligen Geistes:
brüderliche Liebe, Freude, Friede,
Geduld, Güte, Treue.
Heilige uns, Herr.

Daß dein Heiliger Geist
durch den Mund der Diener rede,
die dein Wort verkünden,
hier und überall.
Heilige uns, Herr.

Offizium von Taizé

Laßt uns den Heiligen Geist bitten, in uns das Feuer seiner Liebe zu entzünden, damit in der Kirche alles vergehe, was seinem Willen nicht entspricht, und die Gaben des Geistes in ihr leben und wachsen.

Laßt uns den Heiligen Geist bitten, alle zu beseelen, die für die Einheit der Christen arbeiten und beten, daß er sie in die ganze Wahrheit einführe.

Laßt uns den Heiligen Geist bitten, unsere Herzen zu erschließen, damit Jesus Christus sein Gebet für die Einheit der Seinen durch uns darbringen möge, bis alle mit ihm vereint sind.

Laßt uns den Heiligen Geist bitten, uns an den Leiden teilnehmen zu lassen, die unsere Uneinigkeit und Untreue dem Herrn bereiten, so daß wir auch an der Macht seiner Auferstehung Anteil haben.

Laßt uns den Heiligen Geist bitten, daß die Kirche auf Erden bereit sei, wie Christus das Leben für die Menschen hinzugeben, sich zerschlagen zu lassen und sich hinzuschenken für die Not der Welt, damit das Reich unseres Gottes komme.

Offizium von Taizé

Christus in uns, wir bitten dich, gehe wieder ans Werk. Belebe in unseren Herzen den Namen deines Vaters. Hier sind wir, um dich wirken zu lassen. Wirke ungehindert! Entferne alles, was ihn verdeckt; grabe tief nach ihm. Gieße in diese Tiefe das Feuer deiner Liebe, das Feuer deines Geistes. Seine leuchtende Flamme steige höher und höher zu unserem Vater, und alle unsere Brüder, alle seine Söhne mögen im Licht, das dieses Feuer verbreitet, den Namen desselben Vaters wiedererkennen, der sich im Namen desselben Sohnes fortsetzt, die sich beide im Namen desselben Geistes vollenden. Damit er komme, der Tag, den du willst. Christus, der Tag, den du seit dem heiligen Abendmahl unaufhörlich erflehst, jener Tag, an dem wir nur einen Gedanken haben werden, deinen Gedanken: die Einheit im Glauben deiner einen Kirche. Dieser Tag wird kommen, wenn unser Schmerz um die Spaltungen uns genug hat leiden lassen und die Flamme unserer eigenen Liebe zu dir genug brennt, wenn Feuer und Licht desselben Geistes stark genug sind, daß du uns als Antwort auf unsere Liebe zu dir, die schon am Werk ist, deinen Geist senden wirst, den Geist deines Vaters.

Paul Couturier,
1881-1953; katholischer Priester; Wegbereiter des geistlichen Ökumenismus

Heiliger Geist,
du erfüllst Menschen mit deiner Kraft
und befähigst uns in Jesu Namen
zur Umkehr und zum Wagnis neuen Lebens.
Wir aber müssen bekennen,
daß wir uns mehr an Vertrautes halten,
den Aufbruch und die Umkehr scheuen.
Wir reden viel von Einheit und Gemeinschaft,
doch wir schrecken vor den Konsequenzen
unserer Worte zurück.
Deshalb bitten wir um dein Erbarmen.

Verfaßt für die Gebetswoche um die Einheit der Christen 1986

Komm, allgewaltig heilger Hauch,
der alle Kreatur belebt;
o komm, erfüll uns bis zum Grund,
und bleib in uns, o Heilger Geist.

Den Betenden du nahe bist;
in dir teilt Gott sich selber mit.
Du dringst durch unser ganzes Sein,
entfachst in uns des Lebens Glut.

Der Gaben Vielfalt teilst du aus
und waltest schaffend fort und fort;
du kommst, wie uns verheißen ist,
tust uns den Mund zum Zeugnis auf.

Erleuchte unser blind Gesicht,
und leeren Herzen Liebe gib.
Wenn du nicht wirkst, vergehen wir;
dein heilig Wehen macht uns neu.

Nimm von uns, was von dir uns trennt,
und gib uns, was zu dir uns führt;
so wird dein Friede bei uns sein,
und weit muß das Verderben fliehn.

Daß Gott dem Vater wir vertraun
und lieben seinen Sohn, den Herrn,
und dich erfahren, Gott in uns,
dazu hilf uns, o Heilger Geist.

Text des „Veni Creator Spiritus“ von Markus Jenny

Heiliger Geist Gottes,
du schwebst über den Wassern,
lange bevor wir geboren wurden;
du hast das Volk Gottes
zu Lob und Vertrauen fähig gemacht;
du hast das Feuer der Propheten entzündet
und sie inmitten von Unglauben im Glauben erhalten;
du hast unseren Bruder Jesus ergriffen,
so daß er in all seinem Einsatz für die Menschen
Mittler der Verheißungen des treuen Gottes wurde.

Heiliger Geist Gottes,
erfülle uns mit Zuversicht,
und mach uns bereit zum Dienen,
lehre uns beten
und das Seufzen der Schöpfung zu hören,
hilf uns, die Zeichen der Zeit zu deuten,
und bereite uns heute und allezeit
auf das Kommen deines Reiches vor.

Aus dem Gebet- und Liederbuch der Ökumenischen Versammlung in Basel 1989

Verzeichnis der Autoren

Quellennachweis

S. 21 Basilius, 16. Predigt „Über den Glauben“
S. 27 Gotteslob 241; © Friedrich Dörr
S. 29 C. Borgogno/G. Gandolfo (Hrsg.), Gebete der Kirchenväter, (Verlag Neue Stadt) München 1984, 116
S. 35 Gotteslob 244; © Christophorus-Verlag, Freiburg
S. 39 Caterina von Siena, Meditative Gebete, (Johannes-Verlag) Einsiedeln 1980, 139
S. 40 Johannes vom Kreuz, Ihn will ich suchen, den meine Seele liebt, (Verlag Neue Stadt) München ^{2}1988, 93f.
S. 43 in: Gabriel a S. Maria Magdalena, Geheimnis der Gottesfreundschaft II, (Verlag Herder) Freiburg ^{7}1964, 175
S. 44 Alfons von Liguori, Vertrauliche Zwiesprache mit Gott, (Verlag Neue Stadt) München 1989, 91f. (= Der Weg des Heils, OA 10,227)
S. 45 Alfons von Liguori, Vertrauliche Zwiesprache mit Gott, (Verlag Neue Stadt) München 1989, 98 (= Der Weg des Heils, OA 10,239f)
S. 48 Wilhelm Löhe, Gesammelte Werke 7,1, (Freimund-Verlag) Neuendettelsau 1953, 283f.
S. 51 Otto Weiss, Tun, was der Tag verlangt. Das Leben von Pater Kaspar Stanggassinger, (Verlag Herder) Freiburg 1988, 22
S. 55 © Maria Elisabeth Stapp
S. 56 Romano Guardini, Theologische Gebete, (Verlag Josef Knecht) Frankfurt am Main ^{8}1985, 39f.
S. 57 Edith Stein, Gedichte und Gebete aus dem Nachlaß. Ausgewählt und eingeführt von Waltraud Herbstrith, (Kaffke) Aschaffenburg ^{4}1987, 23-27
S. 64 Karl Rahner, Kleines Kirchenjahr, (Verlag Ars sacra Josef Müller) München 1959, 108-110; © Oberdeutsche Provinz SJ

S. 65 in: Gebetsleben, (Verlag Evangelische Marienschwesternschaft), Darmstadt-Eberstadt [9]1989, 139f.

S. 67 Dietrich Bonhoeffer, Widerstand und Ergebung, München, 3. Aufl. der Neuausgabe 1970, 1985, 159; © Chr. Kaiser/Gütersloher Verlagshaus, Gütersloh

S. 69 Helder Camara, Selig, die träumen, (Pendo-Verlag) Zürich 1982, 69

S. 70 Helder Camara, Selig, die träumen, (Pendo-Verlag) Zürich 1982, 140f.

S. 71 Gotteslob 250; © Christophorus-Verlag, Freiburg

S. 73 © Ateliers et Presses de Taizé, F-71250 Taizé Communauté

S. 74 Josef Sudbrack (Hrsg.), Johannes Paul II. Gebete, (Verlag Neue Stadt) München 1982, 70

S. 75 Chiara Lubich, Verlieren können, (Verlag Neue Stadt) München [7]1986, 73

S. 76 Schifferle, Alois (Hrsg.), Paulo Evaristo Arns. Von Hoffnung zu Hoffnung, (Patmos-Verlag) Düsseldorf 1988, 123f.

S. 81 C. Borgogno/G. Gandolfo (Hrsg.), Gebete der Kirchenväter, (Verlag Neue Stadt) München 1984, 27

S. 85 Franz von Assisi, Gebete, (Verlag Neue Stadt) München 1986, 59

S. 97 in: Fr. Ulmer (Hrsg.), Predigtbuch der Luth. Kirche, (Martin-Luther-Verlag) Rothenburg 1936, 265

S. 98 Romano Guardini, Der Herr, (Verlag Ferdinand Schöningh) Paderborn [15]1985, 169, 171; © Katholische Akademie in Bayern

S. 99 Karl Barth, Gebete, München 1963, 6. Auflage 1985, 55; © Theologischer Verlag Zürich

S. 100 Bernhard Ritter, Die eucharistische Feier, (Johannes Stauda-Verlag) Kassel 1961, 337; © Lutherisches Verlagshaus, Hannover

S. 101 in: Karl-Heinz Fleckenstein, Für die Kirche von Morgen. Ein Gespräch mit Kardinal Suenens, (Verlag Neue Stadt) München 1979, 188f.

S. 104 Heribert Mühlen (Hrsg.), Jugend erfährt Gott, (Matthias-Grünewald-Verlag) Mainz 1983, 169-174
S. 105 Henri Nouwen, Gebete aus der Stille, (Verlag Herder) Freiburg 1982, 98
S. 106 © Verlag Herder, Wien
S. 114 Dieser Text ist als Gebetsbild unter dem Titel „Heilig-Geist-Meditation", herausgegeben vom Informationszentrum Berufe der Kirche, Freiburg, erschienen.
S. 116 Die Feier der heiligen Messe. Meßbuch für die Bistümer des deutschen Sprachgebietes, Teil I, 207
S. 117 Die Feier der heiligen Messe. Meßbuch für die Bistümer des deutschen Sprachgebietes, Teil I, 201
S. 118 Stundenbuch II, 526
Die Ständige Kommission für die Herausgabe der gemeinsamen liturgischen Bücher im deutschen Sprachgebiet erteilte für die aus diesen Büchern entnommenen Texte die Abdruckerlaubnis.
S. 120 © Ateliers et Presses de Taizé, F-71250 Taizé Communauté
S. 121 © Ateliers et Presses de Taizé, F-71250 Taizé Communauté
S. 123 in: Gebetswoche für die Einheit der Christen 1986, (Calwer Verlag, Stuttgart und Kyrios-Verlag, Freising)
S. 124 in: Neues Singen in der Kirche, Mappe 13; © Theologischer Verlag Zürich

Wir danken den Verlagen und Rechtsinhabern für die Abdruckgenehmigungen. Leider konnten nicht alle Quellen ermittelt werden. Für entsprechende Hinweise sind wir dankbar.

Inhalt

Carlo Maria Martini
SPUREN DES
HEILIGEN GEISTES
Beobachtungen
und Anstöße

Gibt es Spuren des Heiligen Geistes in unserer Zeit? Oder hat er etwa resigniert?
In einem seiner engagiertesten und persönlichsten Bücher geht der bekannte Mailänder Kardinal Martini diesen Fragen nach. Er ist überzeugt: „Der Heilige Geist kommt uns zuvor; er tut mehr als wir, und er macht es besser als wir.“
Die Beobachtungen und Anstöße sind wegweisend und bieten viele praktische Orientierungshilfen – für einzelne, für Familien, für Gemeinden, Gruppen und Gemeinschaften: eine ermutigende Einladung, sich dem Geist Gottes zu öffnen.

96 Seiten, gebunden, ISBN 3-87996-385-1

VERLAG NEUE STADT MÜNCHEN · ZÜRICH · WIEN